Falo, Logo Sou

DO MESMO AUTOR
em edição Agir

Comunicação Social e Relações Públicas
Mega-Comunicação

Falo, Logo Sou

O Fenômeno Humano da Comunicação

WALTER RAMOS POYARES

CADERNOS DA UnB

Livraria AGIR Editora

Editora Universidade de Brasília

Com o apoio

FUNDAÇÃO ROBERTO MARINHO

1983

CIP-Brasil. Catalogação-na-fonte
Sindicato Nacional dos Editores de Livros, RJ.

P812f
Poiares, Valter Ramos.
Falo, logo sou : o fenômeno humano da comunicação / Walter Ramos Poyares. — Rio de Janeiro : Agir ; Brasília : Ed. Universidade de Brasília, 1983.

ISBN 85-220-0076-X

1. Comunicação 2. Relações interpessoais 3. Relações públicas I. Título.

82-0882

CDD — 001.54
158.2
CDU — 007
301.16

LIVRARIA AGIR EDITORA

Rua Bráulio Gomes, 125 (ao lado da Bib. Mun.) — Telefone: 259-4470
Caixa Postal 6040, São Paulo, SP, CEP 01051

Rua México, 98-B — Telefone: 240-1978
Caixa Postal 3291, Rio de Janeiro, RJ, CEP 20001

Rua Espírito Santo, 845, Loja 16 — Telefone: 222-3038
Caixa Postal 733, Belo Horizonte, MG, CEP 30000

Atendemos pelo Serviço de Reembolso Postal

A minha mulher, MARIA LÚCIA PEDROSA ANGELÉAS POYARES, por ser o ser humano (gente) que é.

SUMÁRIO

EXPLICAÇÃO NECESSÁRIA OU INTRODUÇÃO EPISTEMOLÓGICA

Perdoe-me, companheiro, se prejulgo sua capacidade de crítica ou, no mínimo, avalio por baixo seu grau de paciência, quando me parece necessário introduzi-lo neste empreendimento conceptual. Receio que a tentativa de explicar me coloque naquela área do óbvio. Neste caso, porém, sentir-me-ei extremamente gratificado se, ao final da leitura destas páginas, você, leitor, concluir que é isto mesmo: eu sou porque falo.

Na verdade, quero justificar a armação desta obra. Antes do mais, não a imagine como fruto de um projeto. Retiro-a de minhas contínuas atividades como profissional de comunicação, quer no jornalismo, quer nas relações públicas ou na publicidade, e como consultor de administração, particularmente no campo dos recursos e das relações humanas. Estas anotações foram emergindo como extensões a capítulos de meus livros *Comunicação Social e Relações Públicas* e *Mega-Comunicação*, ambos editados pela AGIR.

Em torno do módulo central — a comunicação de pessoa a pessoa — procurei erigir as fases diversas deste pequeno trabalho, acrescidas de manifestações que apelidei de segundo meio-tempo com o propósito de caracterizar a idéia de complementaridade entre as etapas que se fecham num universo. O núcleo, a que me refiro, define-se pela categoria da *transcendência da comunicação humana,* na medida em que se torna sensível, notória, inconfundível, no âmago desse fenômeno, a presença de um *princípio superior* aos próprios *atos em si* do complexo da comunicação. Essa virtude interior confere à comunicação humana o *toque de espiritualidade,* fonte de poder de re-criação e em conseqüência da inexauribilidade do processo. Esclareço este ponto: é o homem, ao mesmo tempo como matriz e estuário do circuito, que se redescobre, praticamente sem se saciar.

O assunto já mereceu *insights* muito mais profundos. Pretendo, aqui, tarefa bem menos complexa, a de contribuir com um enfoque, a ser enriquecido com as vivências, os diagnósticos e proposições do leitor.

Neste ensaio muitos dos elementos para a construção de uma teoria apresentam-se em tensão, aos quais procuro aplicar um esquema de equilíbrio. Assim, em meu entender, o *estado de comunicação* se estabelece quando os participantes do jogo interpessoal entram em "polarização", na forma daquele fenômeno de eletrônica, segundo o qual dois elementos de uma válvula a vácuo se mantêm em tensão contínua. Os dois pólos do sistema criam sua própria atmosfera que se esfriará imediatamente, assim que um deles caia da tensão.

Aqui, já o leitor poderá suspeitar de malicioso intento: o de complicar as questões, exibindo a comunicação humana como coisa labiríntica. Que é a origem de renovadas contradições, ninguém duvida. Que, por outro lado, cria momentos de inesquecível êxtase, também o leitor o sabe, mesmo porque certamente já o experimentou em eflúvios românticos ou estéticos.

Assento, como pressuposto, que o homem se realiza como pessoa através da comunicação. Para consumá-la constrói códigos, símbolos e mil formas de expressão. Na projeção desse quadro misturo considerações de caráter abstrato com exemplos de sensibilizações.

Minha posição não exclui a teoria matemática da informação, nem se confunde com os vários e alentados estudos de psicologia aplicada a este terreno. Também não me demoro em análises e descrições exploradas com profundidade por outros autores. O que me ocupa e seduz é a *questão ontológica* do comunicar-se, a visão do ser, enquanto, para existir espiritualmente, se manifesta, sai de si em direção ao outro e nele deseja fundir-se, ao outro dando e dele recebendo auras de sua interioridade.

Colin Cherry, ao finalizar sua fundamentada obra *A Comunicação Humana*, toda calcada em sua formação matemática, afirma que "a multidão de conceitos gerais que possuímos, nossa capacidade de organizá-los de variadas maneiras com a ajuda da linguagem, constituem a espinha dorsal da comunicação e nos distinguem dos animais".

Quando sublinho a *transcendência da comunicação*, elevo-a para um nível superior ao mencionado por Colin, caracterizado por esses *momentos extáticos* de sublimação, intensa vibração e profunda comunhão, oferecidos pela poesia pura, pela música genial, pela pintura arrebatadora e outras formas de expressão de valor eterno. Nesses encontros pessoais ou através desses símbolos intermediantes cristaliza-se o fenômeno em toda a sua propriedade inconfundível.

E agora, este é também um livrinho de poesias? Não. O que aqui reproduzo, apenas me aconteceu. Penso que refletem instantes da vida de toda gente. Essas exteriorizações, que exponho com indisfarçável sentimento de pudor, me apanharam desprevenido em passagens de muita tristeza ou alegria, de encontro com gente ou com a natureza. Não disponho de coletânea de versos nem mesmo ostento habilidade para tal tipo de literatura. Digamos que "explodi" ou me expandi em certas circunstâncias, como todo mundo. Revelo-as como amostras (minhas ou de qualquer um) das teorias mesmas que desenvolvo.

Perpetrei, caro leitor, o conúbio da teoria com a expressão, para o qual solicito sua benévola atenção, se me permite tomar como empréstimo e apelo o estilo dos pequenos prólogos de Machado de Assis.

Ficarei bem pago, se, ao final, você e eu tivermos descoberto nossos pontos em comum.

Na qualidade de estudioso da comunicação social, lancei neste trabalho, depois das considerações teóricas e dos enveredamentos poéticos *(expressões do sentir)*, algumas propostas práticas, deduções naturais deste entendimento da comunicação humana. Esclareço que amadureci meu conceito em relação à fofoca, o que levou a tentar colher um sentido permanente desse fenômeno social, origem e razão de ser da própria imprensa moderna. A preocupação de ilustrar os acontecimentos com as opiniões de cidadãos comuns reforça o valor da versão segundo cada um. O que importa é a versão. Por outro lado, também esboço uma teoria da criatividade, extraída de minha experiência na área de propaganda e na intenção de ajudar a compreender esta faculdade, suscetível de desenvolvimento e exploração. Também analiso a explosão erótica, produto do conceito e do sentimento modernos de liberdade individual, como puro fenômeno de comunicação. O último capítulo ostenta uma feição totalmente pragmática, embora resulte da observação do mesmo campo. A teoria dos sistemas aplicada à comunicação me levou ao propósito de conciliação entre uma formulação matemática, quase sempre hermética, e a fluidez, típica do ato de comunicação. Destina-se a administradores.

Por isso, o leitor poderá começar a ler esta obra, após este aviso introdutório, em qualquer de suas partes e depois fazer sua própria mistura.

E construir seus acréscimos.

PRIMEIRO MEIO-TEMPO:

O FENÔMENO

A CONSCIÊNCIA DE PESSOA, RAIZ DA COMUNICAÇÃO

Quando alguém diz: "eu quero ser gente" ou "fulano é gente" ou ainda "operário também é gente", afinal, que pretende significar? Que não é um dado, um número, uma coisa, um indivíduo, um bicho? Mas nós somos um dado na organização das coisas, representamos um número na massa dos indivíduos, somos um indivíduo da nossa espécie e pertencemos ao reino animal. Por que então essa ênfase? Não será demais indagá-lo, particularmente agora, em face da insistência com que nos afirmamos como gente. Que elemento a mais, que toque de transcendência se acrescenta ao indivíduo, que conotação carrega ou merece sua unidade física e temporal para que alcance tal relevo? Claro, de início cabe lembrar que o destaque da *condição de gente* não é novidade, nem uma das inovações da geração atual. Gente, neste caso, é *categoria de pessoa,* entendida como ser dotado de certa singularidade espiritual, inconfundível e respeitável, cujo núcleo ontológico é a noção de si mesmo. Sou eu sempre que quero ser gente e me pergunto: — *Quem* sou eu? *Que* sou eu?

Este capítulo do conhecimento, esta pesquisa epistemológica, ainda oferecem a maior perplexidade e justificam todas as divagações, como há tantos séculos o observava Sócrates, respondendo a Fedro, nos Diálogos de Platão: "Eu preciso primeiro conhecer-me, conforme o manda a inscrição de Delfos (Conhece-te a ti mesmo)." "A curiosidade sobre o que não me concerne, quando ainda sou um ignorante sobre mim mesmo, seria ridícula. E por isso digo adeus a tudo o mais (referindo-se às discussões do momento); basta-me a opinião comum. Pois, como dizia, preciso saber sobre mim mesmo: sou um monstro mais complicado e inflado de paixão do que a serpente Tifo ou uma criatura de espécie mais suave e simples à qual a Natureza deu um destino mais divino e mais humilde?"

A dúvida perdura. Cada um de nós já a colocou diante de si, sem provavelmente ter chegado a uma conclusão definitiva, o que, por isso mesmo, estimula a especulação filosófica ao nível das categorias.

Tentar filosofia em torno da idéia de gente é, como explica Karl Jaspers *(Introdução ao Pensamento Filosófico)*, "conduzir o pensamento empírico e racional até seus limites extremos, até o ponto em que revela suas origens". "No caso, método não significa aprendizado de operações de lógica formal ou de análise de linguagem, que são úteis mas não de natureza filosófica. O objetivo do pensar filosófico é levar a uma forma de pensamento capaz de iluminar-nos interiormente e de iluminar o caminho diante de nós, permitindo-nos apreender o fundamento onde encontremos significado e orientação."

Neste ensaio, também partirei de experiências sensíveis, de realidades da vida ou da natureza, sem a pretensão de ter atingido a última resposta. Permanece válido o princípio de Aristóteles: nada chega ao intelecto que não passe pelos sentidos. Poderei continuar perguntando quem sou, mesmo após ter distinguido e caracterizado alguns dos níveis sobre os quais se funda o mistério final de minha própria identidade. Nesta altura surgem aquelas renovadas angústias: — Até que ponto eu sou eu só, sem me confundir com outros, uma vez que o próprio termo identidade gera equívocos? Eu só posso ser igual a mim mesmo, mas me pareço com muitos outros.

Quantos homens, na história da humanidade, já se imaginaram onipotentes, aceitaram até uma suposta origem divina, e deixaram-se venerar, para, enfim, amargarem, no confronto final com a própria miséria, a falácia de seus delírios no desmoronar de seus pés de barro? Por outro lado, quantas vezes descobrimos num desgraçado qualquer, em alguém que consideramos de escala social ou intelectual muito inferior, a surpresa da sabedoria inata, sem o lastro de qualquer escolaridade ou formação cultural? Somos todos um tanto filósofos, enquanto buscamos o conhecimento. Nesta área da epistemologia do ser humano (essa perene indagação sobre nós mesmos), quem não é pesquisador? A ansiedade de se conhecer se justifica pela vocação à dignidade.

A noção de gente merece o primeiro lugar em nossas cogitações. Se não, como me dirigirei ao "outro"? Que sentido poderá ter a comunicação? O outro também se voltará sobre si mesmo, como você, agora, leitor benevolente, se quiser acompanhar estes raciocínios.

Não quero prosseguir sem prevenir o leitor para aquela "desconcertante ambigüidade do conhecer-se a si mesmo socrático", mencionada por Jacques Maritain, em *Filosofia Moral*,[1] ao analisar a questão da singularidade nas obras de Kierkegaard.

Distingue duas espécies de conhecer-se. "Existe um *conhecer-se* no qual o sujeito se vê a si próprio sem a menor objetivação discursiva (isto é, acrescento eu, sem a construção de uma teoria ou análise verbal). Sua consciência então apreende dentro de si seus movimentos interiores e seus estados profundos, por um simples olhar que não conceptualiza. À maneira, poder-se-ia dizer (embora aí já se encontre em estado de gestação um verbo mental), com que o sentido apreende o sensível, sem a intermediação de qualquer imagem ou *espécie expressa*: simples conhecimento do *quid est* da existência."

Nenhuma ruga na superfície das águas, certa transparência onde esse olhar absolutamente ingênuo penetra, é a recompensa da renúncia a nos analisarmos a nós mesmos. Detenhamo-nos um instante para ilustrar esse primeiro tipo de autoconhecimento a que alude Maritain.

Praticam-no os místicos, os que se entregam a certas formas de meditação oriental, nas quais o sujeito procura reduzir a movimentação da mente até fixá-la num ponto, numa só palavra, numa só visão, sem

1 *Filosofia Moral*, Jacques Maritain, Livraria Agir Editora.

expressões, sem deduções lógicas: A mente deve imobilizar-se, sossegar totalmente, para se deixar invadir pela paz. O ser então se esquece, se abandona, funde-se em si mesmo, elevando-se a uma transcendência sem verbos, portanto inefável. "Existe, porém, um outro *conhecer-se*", continua Maritain, "no qual a inteligência reflexiva trabalha por apreender e explicar de qualquer modo o íntimo do sujeito, graças a um processo, mesmo que obscuro e inconfessado, de objetivação discursiva, produzindo constituições e conceptualizações interpretativas. Esforço para se apoderar, por menos que seja, do inesgotável. Esforço por conhecer, em certa medida, o *quid est* ou a "essência" da subjetividade." Seguiremos esse caminho.

Consideremos que condição de ser gente se coloca no ápice de uma gradação de seres constituída pela Natureza, ao menos enquanto não descobrimos dentro dela ou acima um ser mais nobre, mais inteligente do que nós. Temos assim esta simplificação:

a) seres orgânicos, que apenas existem: matéria bruta do reino mineral;
b) seres orgânicos, que existem e vivem:

I — vida vegetativa — reino vegetal
II — vida sensitiva — reino animal
III — vida intelectiva — o homem, ponto mais alto da evolução do ser.

Cada uma das etapas superiores abrange, encerra as inferiores, distinguindo-se, por uma diferença específica, da imediatamente anterior. Até a vida intelectiva, não percebemos qualquer forma de liberdade, obedecendo todos os seres à rígida programação de sua espécie, embora na áspera luta pela sobrevivência alguns indivíduos incorporem adaptações que resultam no processo evolutivo. Isto permanece verdade quanto ao Homem, somente no que concerne à constituição física, visto que é o único capaz de alterar seu próprio comportamento e de exibir singularidades intelectivas, portanto de ser gente, em termos comuns. Essa *intimidade* de sujeito, que lhe confere o direito a ser gente, é que constitui o objeto desta investigação, a *realidade concreta da pessoa*, que Romano Guardini[2] descreveu, partindo de baixo para cima, até alcançar um vértice que não é a soma das outras escalas, mas uma espécie de fusão última, definidora de todo o conjunto. Ao percorrer essas fases, não perderemos de vista que o *ser gente* não se completa, não se consuma em si mesmo, só conseguindo ultimar-se e revelar-se na projeção sobre outro através da comunicação. Quando uso o código lingüístico ou outro qualquer para afirmar minha inconfundível presença de gente, não me dirijo ao vazio, mas sempre ao outro, a quem pretendo comunicar minha interioridade e que no mesmo sentido, em retorno, se encaminha para mim.

A comunicação é revelação de categoria.

O primeiro dado da consciência do existir da gente é o de que somos uma unidade entre outras unidades, uma coisa entre outras, com forma como quaisquer outros organismos do primeiro plano, o mineral. Esse dado assume forma tragicamente concreta quando consideramos o que acontece a nosso corpo após a morte — desfeita sua unidade orgânica, extinguiu-se a homeostase, aquele fenômeno de equilíbrio do organismo com o meio externo, dissolvendo-se seus componentes até se reduzirem a sua forma mais simples misturando-se com os minerais. "Lembra-te, homem, que és pó e ao pó tornarás" é uma afirmação científica.

Logo em seguida, o ser se identifica e a gente se reconhece como indivíduo,[3] isto é, uma "unidade fechada do duplo ponto de vista estrutural e funcional", que se destaca das coisas, mas com elas se relaciona pela necessidade mesma de sobreviver. A planta que, através da fotossíntese, absorve os elementos inorgânicos de que necessita, o animal que respira ou come para crescer ou sobreviver, preservam sua condição de indivíduo de determinada espécie.

Esse ser individual desenvolve, na escala das espécies, uma organização interior sustentada por um siste-

2 *O Mundo e a Pessoa* (*Welt und Person*), Romano Guardini.

3 "O indivíduo ou ser *individual* significa o portador ou sujeito concreto de uma essência em sua peculiaridade, não-comunicável, por exemplo, este pinheiro ou este homem Pedro. Ao indivíduo opõe-se o universal" (*Dicionário de Filosofia*, Walter Brugger (*Philosophisches Wörterbuch*).

ma de sístoles e diástoles, em equilíbrio com o ambiente, do qual retira energia, mas contra o qual tem de se defender continuamente. As recentes descobertas sobre sensibilidade de plantas fortalecem ainda mais essa *noção de individualidade,* que transparece bem clara no animal cuja reação à dor faz parte do mecanismo de preservação de sua unidade orgânica. Todos os instintos, base do processo de sobrevivência do indivíduo através da respiração, da sede, da fome, da luta, do repouso, e da espécie através da reprodução, se elevam no homem a um plano de consciência da vida e de sua presença (de indivíduo) dentro dela. Não apenas sou um, mas sei que sou um entre todos os da minha espécie.

A partir dessa consciência forma-se outro fenômeno que Romano Guardini define como a "individualidade viva enquanto determinada pelo espírito". Nesse ponto, a gente, que é alguma coisa dentro da criação, é *um* indivíduo de *uma* espécie que se reconhece e tem noção de si mesmo, percebe sua própria interioridade, apreende seu sentido, sabe que pode querer, dessa forma contrariando até algumas compulsões dos instintos. É o momento em que o indivíduo humano ouve "o apelo da existência" dentro de si e sente o desejo de influir sobre o mundo exterior, reconhece sua vocação para participar do ato criativo, chamamento que não encontra em nenhum dos níveis abaixo e cujo tom pode tornar-se tão alto que o obrigue a proclamar: — Também sou gente, também posso viver, também sei querer, sei perceber, sei construir!

"Não existe ainda querer num sentido pessoal quando no vivente desperta um instinto que o impele a atos orgânicos ou psíquicos subordinados à manutenção da vida. Um querer autêntico só é dado quando uma faculdade de apreciação é sensível ao valor do objeto ou às exigências de uma situação" (Romano Guardini, *O Mundo e a Pessoa,* pág. 145).

Só a gente, na ordem criada e por nós conhecida, retira de momentos de alegria ou de amargura a inspiração criadora, ao descobrir valor espiritual no âmago dos acontecimentos. "Um animal pode ser belo, moverse com graça, cantar de maneira encantadora; nunca cria, contudo, uma obra de arte: no seu ser e na sua vida é inteiramente natureza" (*ibidem*, pág. 147). Essa iluminação interior, existente em todo ser humano, sofre, no entanto, variação de intensidade. Todos criamos alguma coisa. Mas uns tantos, portadores de maior grau daquela luz, de que somos os filhos segundo o Cristo, desabrocham em criações mais altas na mais pura manifestação dessa individualidade única, intransferível, mas que é consumida com vibração pelos demais indivíduos. Shakespeare ou Cervantes, Bach ou Beethoven são tais indivíduos que se alçaram na condição de gente, para que todos nós pudéssemos afirmar que somos gente, incluídos nesse excelso plano da comunhão de interioridades. A consciência do espírito nos faz gente, isto é, personalidade diferenciada de tudo o mais.

Aqui apenas para facilitar a condução deste assunto, justifica-se a repetição deste quadro clássico da filosofia:

O homem,

I) enquanto animal: é indivíduo e portanto quantitativo, unidade divisível de um todo, sujeito a leis do determinismo;

II) enquanto racional: é pessoa e portanto qualitativo, realidade única e individida, domina os próprios atos: livre, sujeito às leis morais;

conseqüentemente,

I) como indivíduo: é membro de um todo, está subordinado à sociedade;

II) como pessoa: tem direitos espirituais, é um ser capaz de responsabilidade. Em si mesmo é superior à sociedade.
Este é o ponto de conflito para o marxismo, constituindo conceito basilar de nossa organização social e política — o respeito à autonomia da pessoa.

Possuindo essa liberdade interior, a gente encontra-se consigo mesma, percebe-se como única, não podendo ser possuída totalmente por nenhum outro. Daí a gente considerar-se indefinível pelos outros, o que, ao contrário de representar um estado patológico da mente, revela perfeito sentimento do eu. Mas também não consegue definir-se precisamente. *"Não há resposta satisfatória para a indagação a propósito do que o homem é"*, afirma Karl Jaspers.[4] *"As potencialidades do homem permanecem ocultas em sua liberdade."* Não cessarão jamais de manifestar-se na defesa das conseqüências dessa liberdade. Enquanto existirem, os homens serão seres empenhados na conquista de si mesmos.

Quem se interroga a respeito do homem, gostaria de ver esboçar-se dele imagem certinha, verdadeira e sempre válida, mas isso não é possível. A dignidade do homem reside no fato de ele não poder ser reduzido a um padrão rígido. O homem é como é, porque reconhece essa dignidade em si mesmo e nos outros homens. Kant o disse de maneira maravilhosamente simples: "Nenhum homem pode ser, para outro, apenas meio; *cada homem é um fim em si mesmo."* O eu contentar-se-ia com seu mundo fechado sobre si mesmo? Obviamente não, pois quando proclamo que sou gente, é porque desejo ser *ouvido.* Se, todavia, minha voz ecoasse no vazio, não haveria nada. Eu me manifesto para o outro. Para o outro eu me encaminho. Eis que o homem é gente na medida em que se projeta para o outro. Um só, isolado em si, sem se abrir, não chegaria a ser gente. Fixemos bem este ponto: aquela interioridade dignificante, aquela consciência do existir, se fundamenta nessa cadeia do ser-ao-ser. A gente se pertence total e finalmente, mas quer dar-se e quer receber. A introvisão permite a formulação de julgamentos: sobre todas as coisas, sobre todos os fatos do mundo exterior. Assim a gente exerce sua capacidade de distinguir valores. Mas para sermos completamente gente, exigimos o direito de manifestar essas apreciações. Aquilo que conhecemos como opinião individual, mesmo em circunstâncias de aparente irrelevância, na verdade representa a mais pura expressão de nossa individualidade consciente e de nossa liberdade. E a exteriorização desses julgamentos não lança aos ventos sons inúteis, sem sentido.

Nossa voz se destina ao "outro" que, por sua vez, no-la devolve recriada ou re-vivida, através dos atos da comunicação. A noção de gente está intrinsecamente vinculada a essa manifestação entre um e outro numa

[4] *Introdução ao Pensamento Filosófico*, pág. 53.

experiência inesgotável, em que continuaremos a *indagar* o que somos, apesar de *sentir* intensamente que *somos*, que existimos na condição de realidade única, dotada de capacidade e de vontade para se revelar.

Não afirmarei que cada um de nós se realiza eficazmente como gente. Ao contrário, o mais comum é a insatisfação. A própria expressão, tão eufórica, daqueles que chegam ao ponto de se considerarem realizados parece-me inadequada do ponto de vista filosófico, embora admissível do ângulo psicológico. Como ser, portanto ontologicamente, a pessoa mantém-se inquieta, provavelmente só repousando nas paragens místicas, como o acentuou Santo Agostinho, ao exclamar: "Meu coração está inquieto até que descanse em ti, Senhor!" Além desses condicionamentos interiores, a civilização construída pelo homem, em virtude de sua capacidade de re-criar as coisas, de inventar e de produzir, obstrui os canais para essa revelação; ao realimentar incessantemente os níveis de aspiração, incita, quase obriga a desejar mais e mais, deixando o homem sem vagar para a contemplação de si mesmo e das coisas. O homem monta eternamente o drama de suas estranhas contradições: identifica-se como livre, mas não chega a libertar-se. No entanto, querer ser gente denuncia a presença dessa vocação para a liberdade, para a manifestação do seu interior, para a abertura ao outro.

Se, por um lado, "a estrutura e a plenitude da existência humana apenas são realizadas na medida em que a pessoa como tal claramente se manifesta"[5] e, por outro, a própria sociedade humana não propicia as condições para a efetivação de tal plenitude, resta-nos, como patrimônio máximo, a esperança de sempre querer ser gente. O fato de estar a gente projetada para o infinito (ver gráfico a seguir) explica a eterna busca.

[5] *O Mundo e a Pessoa*, pág. 161.

VISÃO GRÁFICA DA COMPOSIÇÃO DA PESSOA

EXISTÊNCIA +	FORMA +	INDIVIDUALIDADE +	PERSONALIDADE =	PESSOA
	↓	↓	↓	↓
	UNIDADE	UNIDADE	UNIDADE	
	MOVENTE	MOVENTE	MOVENTE	PROJETADA
		DISTINTA	DISTINTA	PARA
			E	O
			CONSCIENTE	INFINITO

O CARISMA DA COMUNICAÇÃO

"Na década de 1920", menciona Adam Shaff em *Introdução à Semântica,* "Ogde e Richards, autores que prestaram grande serviço ao desenvolvimento da semântica, assim traçaram o programa desta disciplina, no estudo da teoria da comunicação:

"Em ainda outro respeito todos esses especialistas (refere-se aos estudiosos desta área) deixam de perceber as deficiências da teoria lingüística corrente. Preocupados como estão — etnologistas, em registrar as minúcias de linguagens em acelerado processo de desaparecimento; filólogos, com uma técnica elaborada, complicada, de leis fonéticas e princípios de derivação; filósofos, com "filosofia" — todos fizeram vista grossa quanto à premente necessidade de melhor compreender o que de fato ocorre na discussão. A análise do processo de comunicação é, em parte, psicológica, e a psicologia atingiu agora um estágio em que se pode abordar esta parte com êxito. Até que isto acontecesse, a ciência do simbolismo ficou na expectativa, mas já não há mais desculpas para conversas vagas acerca da significação e ignorância quanto à maneira por que as palavras nos enganam."

Ocorre que a comunicação, por constituir propriedade de cada ser humano e, simultaneamente, por permitir que cada um se refira ao outro e às coisas e acontecimentos, e neles se situando, ao mesmo tempo abrange vasto universo de manifestações fisiológicas, psicológicas, sociais, étnicas, matemáticas, físicas e até espirituais, o que resulta extremamente complexo, mas também perturbadoramente corriqueiro. Aí se encaixa a pergunta formulada por Adam Shaff: "Em que consiste, porém, o problema da comunicação inter-humana?"

"Acontece muitas vezes que um problema filosófico começa no ponto em que o senso comum estaca. Justamente no ponto em que o senso comum parece satisfeito, dizendo, simplesmente, que as pessoas falam umas às outras, desta maneira transmitem entre si toda sorte de informações e nesse sentido se comunicam umas com as outras, o filósofo começa a indagar: — Mas como fazem isso? E por quê? E o que significa tudo isso?"

Naturalmente, daí por diante as pessoas menos preocupadas com questões especulativas, por elas apelidadas de divagações esotéricas, encerrarão o debate com a costumeira gozação contra os teóricos. Essas mesmas criaturas, no entanto, não hesitarão diante de situações reais de desentendimento, de desinteligência entre amigos ou até parentes e íntimos, em protestar que ninguém compreende ninguém: — Será que estou falando grego? — Não expliquei ou você não quer me entender? — Isso aí é blablablá. — Explique-se melhor! etc.

Dois fatos constantes no sistema da comunicação humana tornam-no campo de excitante interesse epistemológico:

a) a gama imensa de áreas do conhecimento e pesquisa científica envolvidas no ato de comunicar;
b) a extrema dificuldade de nos comunicarmos com eficácia ou perfeição, apesar da massa de meios de expressão disponíveis.

"A comunicação é uma questão essencialmente social", frisa Colin Cherry em *A Comunicação Humana,* repetindo uma tese em que todos estamos de acordo, já que sempre nos comunicamos com o outro, embora formas de linguagem possam ser utilizadas sem essa outra presença, como quando alguém escreve um diário para seu arquivo apenas ou quando falamos sozinhos, o que é muito mais comum do que imaginamos. "O termo "comunicação" traz mais prontamente à lembrança o envio ou recebimento de uma carta ou uma conversa entre dois amigos. Talvez pensem em jornais enviados diariamente de uma agência central a milhares de assinantes, ou em transmissões radiofônicas; outras poderão pensar em telefones ligando um falante a um ouvinte. Há sistemas, outrossim, que ocorrem apenas à mente de especialistas; por exemplo, ornitologistas e entomologistas podem pensar em bandeamento e enxameamento, ou na incrível precisão com que certos pássaros executam manobras de vôo, ou em pombos voltando à casa — problemas que têm sido extensamente estudados, embora sejam ainda tão imperfeitamente compreendidos. Ademais, o fisiologista pode considerar a função comunicativa do sistema nervoso, a coordenar as ações de todos os órgãos de um animal integrado."

Essa exemplificação, armada por Colin, pode ser aplicada aos sistemas de processamento de dados, às pesquisas antropológicas, mas, sem dúvida, o que nos interessa aqui é o que esse mesmo autor chama de "compartilhar elementos de comportamento ou modos de vida, pela existência de conjuntos de regras".

Consciente de que o simples, banal, infinitamente repetido ato de comunicação compromete todo o impressionante complexo de mecanismos e relações, dos quais os menores não serão a teoria matemática da informação, nem as relações biopsíquicas subjacentes, a mim, nesta aproximação, interessa a ótica do conjunto, isto é, do fenômeno em si.

A ênfase que procuro dar denuncia uma posição de tese.

Ao destacar o fenômeno, já o discrimino como humano, destacando-o e isolando-o de todas as demais categorias. Ele se apresenta a nós como uma realidade que pode ser contemplada a partir de qualquer um de seus elementos, mas fundamentalmente, enquanto encarado como fenômeno, seu conhecimento é aquele que se formula em nossa consciência através da percepção de todos esses atos ou elementos, transformando-se na própria vida espiritual, enquanto esta se considera privilégio do ser humano.

Penetramos assim, segundo a conceituação de Colin, no âmbito da metalinguagem. Dentro dessa linha de identificação, teremos formado o quadro de metacomunicação, isto é, cria-se a situação na qual o agente e, simultaneamente, o objeto da comunicação se observa a si mesmo, como se nos colocássemos à distância de nosso mundo interior e pudéssemos analisar seu sistema de intra e extra-relacionamento.

"Quando falamos de comunicação", escreve Eliane Amado Lévy-Valensi, em *La Communication*, "entendemos geral e espontaneamente a comunicação das consciências. Temos em mira o diálogo, isto é, um domínio onde, de uma parte, os sujeitos que se defrontam articulam seus assuntos ao nível já elevado do pensamento formulado, e onde, de outra parte, a comunicação se verifica de modo incessante pela renovação do discurso, malgrado, como veremos, todos os diálogos de surdos que são a realidade cotidiana. Enfim, nesse nível, as coisas mais complexas nos aparecem como simples através de sua própria familiaridade.

Nenhuma atenção prestamos ao fato de que a comunicação é um perpétuo prodígio e ao fato de que, apesar desse prodígio, as coisas não se passam tão bem quanto a gente, por comodidade, finge crer, nem, enfim, ao fato de que essa comunicação que visa ao nível do diálogo implica uma quantidade de mecanismos prévios — a constituição do sujeito em face do objeto, a constituição da linguagem, zonas subjacentes à linguagem onde a comunicação se faz de modo mais intuitivo, a percepção espacial e temporal de uma situação e de um comportamento em face do mundo e do outro, a percepção espacial e temporal de uma inserção subjetiva que constitui a experiência própria do sujeito."

Na verdade, quando nos abrimos ao outro através de qualquer forma de linguagem, movimentamos toda a massa de conhecimentos de signos, imagens, vivências por nós adquiridas. Situamo-nos num ponto ou posição em relação às idéias, julgamentos, fatos e às possíveis reações ou manifestações do outro. Em cada uma de nossas conversas, ou estamos tentando induzir o outro até nossa ótica ou procurando conformar-nos à sua visão.

"Parece-nos natural comunicar-nos com o outro", prossegue Eliane, "mas basta que nossa reflexão se detenha um pouco nessas trocas familiares e nossa bela segurança se abala e destrói. Há o informulado, o imponderável, aquilo que escondemos e que não podemos exprimir. O que revelamos e é mal interpretado. A gente se compreenderá jamais?"

Essa dúvida, todos a repetimos, evidenciando a tremenda contradição intrínseca ao fenômeno humano da comunicação. Sem esta, por outro lado, a condição de pessoa não se consumaria. E para realizar esse objetivo, inventamos uma série de códigos, os mais variados, os mais artificiais, ostentando diferenças tão grandes entre si que, em nossa linguagem, nos admiramos como outras comunidades se entendem na sua. E vice-versa.

Parece que quaisquer linguagens serão sempre impotentes para a revelação do ser total, embora exibamos momentos de êxtase não verbal.

Do ponto de vista do conhecimento, o fenômeno se apresenta como uma expansão da interioridade do ser humano sempre em direção ao outro que, de seu lado, devolve ondas de sua vida interior, mas cada qual preservando sua integridade.

Ninguém se dá totalmente. Ninguém se exaure. Continuamos querendo nos abrir e também desvendar o outro. *Essencialmente, a comunicação humana consiste nesse sistema de distribuição, captação, troca de energias criadoras, que se efetua através de mecanismos psicológicos, fisiológicos, semiológicos, carregado de quantificações, mas distinto de todos os demais sistemas de informação por este exclusivo poder do fenômeno humano: o de recriar.*

No âmbito da linguagem, o dom da palavra, isto é, a fala humana, parece a certos autores constituir aquela *diferença específica*, o próprio carisma de nossa espécie, distinguindo-a de tudo o mais. "Começa a parecer, de uma maneira cada vez mais perturbadora", afirma Lewis Thomas (em seu livro *Lives of a Cell*, do qual a revista *Diálogo* publica, em seu nº 5 de 1975, dois extratos), "que não só aprendemos, mas construímos, ao vivermos."

Eu, porém, vejo a palavra como função decorrente da capacidade criadora do cérebro humano. O sistema de registros (memória dos neurônios) encerra a possibilidade de promover combinações sem fim, que se exprimem, isto é, se manifestam aos outros através do ajuste do mecanismo da fala. Esta, por sua mesma natureza constituindo-se de códigos convencionados, se realiza numa mistura de sons, que, por si sós, nenhuma lógica ostentam, com exceção daqueles primitivos, correspondentes aos impulsos mais imediatos, como os gritos de dor, de admiração, de susto, de alegria. Essas palavras, esses sons significantes e simbólicos, com o uso passam a incorporar-se aos arquivos da mente, assumindo as aparências da vida própria.

As palavras transformam-se em personagens no cenário de nossa vida psíquica, capazes até de nos atormentar, de nos incomodar, de nos perseguir, bailando em nosso espírito, tanto em sonhos quanto em estado de vigília, levando-nos a repetições caricatas, a modismos idiotas. (Neste momento, encontram-se muitas pessoas que, após cada frase, indagam ridiculamente: certo?) Mas foram inventadas por nós, de acordo com as conveniências do grupo, com suas tradições e só valem para essa coletividade, não sendo sequer entendidas ou percebidas por outros grupos portadores de diferentes códigos lingüísticos. Por essa mesma razão torna-se dificílimo para nós, após certa idade, dominar linguagens de outras etnias, com constituições gramaticais e formas de expressão completamente diversas da nossa. Porque a fala é dom genético, a linguagem é a conseqüência, a língua o hábito ou aprendizado, mas a comunicação é o carisma da espécie humana.

A comunicação do homem identifica o fenômeno de *expansão do ser pessoal,* enquanto revelação de si mesmo e busca do outro, de manifestação e transferência do existir interior, daquele *verbo* de que fala o apóstolo João (cap. I, v. 9), "que é a luz verdadeira, que ilumina todo homem que vem a este mundo".

A transmissão dessa luz, desse verbo íntimo, constitui, ontologicamente, o fenômeno humano da comunicação.

Nesse sentido o Cristo se fez homem e habitou entre nós. Ele se fundiu com o Verbo. O Evangelho significa a boa nova. Mesmo para os que não crêem, a palavra do Messias renova, consagra e exalta esse dom humano. Não importa que o homem o desperdice, inutilize, deforme. O que interessa é que ele pode comunicar-se, isto é, transferir-se em sua espiritualidade de um para o outro.

O ENFOQUE HUMANISTA

Comunicação é conceito carregado de equívocos, particularmente quando se refere ao fenômeno humano. O primeiro e naturalmente o mais vulgar é confundir comunicação com informação. Enquanto este pode enquadrar-se dentro de uma série de pressupostos matemáticos em seqüência lógica de causa e efeito, de fonte-via-recepção, de medidas e projeções, o outro, para ser bem entendido, deve considerar-se *a priori* muito mais como um efeito.

Em sua análise — é claro — insere-se um complexo de cogitações científicas, amplíssimo campo para toda sorte de especulações em torno da convivência social, da formação e desenvolvimento das línguas e linguagens e das expressões semiológicas. Curiosamente, apesar de ser esse fenômeno um dos constituintes da própria natureza humana, vem de muito pouco tempo a preocupação com seu estudo. Basta lembrar que as escolas de comunicação nasceram neste último prazo de três décadas e ainda como evolução das primeiras faculdades de jornalismo.

Quando, em 1952, propus ao Conselho da Pontifícia Universidade Católica do Rio de Janeiro a transformação de nossa faculdade de jornalismo em Escola de Comunicação, notei com grande espanto que os cultos conselheiros não haviam lido ou, se o fizeram, não haviam apreendido o arrazoado com que eu procurava demonstrar a distinção entre jornalismo (do latim *diurnalis*, isto é, diarista, aplicando-se assim a qualquer outra profissão), título designador de uma das atividades do campo da comunicação social, e o novo capítulo das ciências sociais que se atribui o estudo da natureza da comunicação humana, de sua multiplicação através dos meios de transmissão às massas; de seu desenvolvimento através das várias formas de linguagem.

Tive que esperar melhor oportunidade para convencer aquelas altas personalidades. E isto aconteceu há menos de trinta anos.

Hoje, porém, inundou-se o mercado de livros com vasta literatura a explorar a matéria. Um ou outro aduz alguma contribuição, mas na maioria repetem-se cansativamente. A propósito cabe uma observação. Uma das conseqüências desse interesse pelos estudos da comunicação foi o ressurgimento ou valorização da semiologia — ciência proposta pelo filósofo Ferdinand de Saussure durante seus cursos de Lingüística Geral, na Universidade de Genebra, nos períodos de 1906-1907, 1908-1909 e 1910-1911 — a qual, realmente, só ganhou publicidade após a morte do autor em 1913, numa primeira edição no longínquo ano de 1916.

A fim de lastrear a posição em que me coloco, parece-me adequado lembrar aqui os termos com que esse notável pesquisador dos fatos lingüísticos e profundo conhecedor de filologia sugeriu a criação dessa nova ciência na área dos estudos psicológicos, já que ela abrange outro capítulo específico entre as ciências biomédicas. "A língua é um sistema de signos", considera Saussure, "os quais exprimem idéias e é comparável, por isso, à escrita, ao alfabeto dos surdos-mudos, aos ritos simbólicos, às formas de polidez, aos sinais militares, etc. etc. Ela é, apenas, o principal desses sistemas. Pode-se, então, conceber uma ciência que estude a vida dos signos no seio da vida social; ela constituiria uma parte da Psicologia Social e, por conseguinte, da Psicologia Geral; chamá-la-emos de Semiologia (do grego *semeion*, "signo"). Ela nos ensinará em que consistem os signos, que leis os regem. Como tal ciência não existe ainda, não se pode dizer o que será; ela tem direito, porém, à existência; seu lugar está determinado de antemão.

A Lingüística não é senão uma parte dessa ciência geral. As leis que a Semiologia descobrir serão aplicáveis à lingüística e esta se achará dessarte vinculada a um domínio, bem definida no conjunto dos fatos humanos."

Apesar de minha condição de profissional e consultor de comunicação, quero colocar-me na análise da comunicação humana simplesmente como o humanista, distinguindo-me do teórico da informação e do psicólogo, ambos dissecadores das mil facetas do fenômeno, numa busca aparentemente interminável. Procuro exercer o papel do mais comum dos observadores, embora atento para as muitas sofisticações que se envolvem nesta questão. Assim, a comunicação humana nos interessa como:

a) esforço para penetrar no interior do outro;
b) tentativa para transferir ao outro nossas interioridades;
c) utilização contínua de códigos e signos convencionados na convivência social;
d) fenômeno inesgotável e de contínua renovação.

O OUTRO ESTÁ FECHADO

Nenhum homem tem a seu dispor terreno para tão grande investigação, área para tanta curiosidade como o "outro". Simplesmente o semelhante abriga nesta palavra tremenda contradição: fala-nos com toda a naturalidade, até mesmo com toda a pureza, do ser que se iguala a mim, que é *como* eu e, no entanto, quanto mais me aproximo dele, mais distante ou menos *igual* ele me aparece. E mais: tenho, não raro, a impressão de estar ele fechado em seu mundo. Convém acentuar já que não me refiro aos casos excepcionais de tipos introvertidos. Trato do "outro" do dia-a-dia, a companheira ou até o filho. Hoje, após muita experiência com superiores, subordinados, familiares, filhos, alunos, amores, gente de toda espécie, o "outro" eu o julgo cada vez mais difícil de penetrar, apreender, uma espécie de labirinto. Desconfio de que o jovem acredita, sinceramente, conhecer o outro. Só o tempo lhe irá mostrando que o caminho para o outro não termina. Em nossa primeira experiência de pais, julgamos mais fácil o entendimento de nossos filhos. Adivinhamos suas reações e os acompanhamos, com bastante segurança, até o dia do primeiro choque: "Eu não entendo esse meu filho" ou "O meu pai não me compreende" passam a ser lugares-comuns. E o esposo, que pretendia ter dominado todas as respostas de sua mulher e, de repente, descobre nela uma faceta de comportamento? O ser humano leva anos a ocultar qualquer estranho desejo que pode resultar na mais incrível surpresa para seus familiares ou amigos. Pode dar-se a revelação em qualquer plano das manifestações psíquicas, quer nas relações afetivas ou sexuais, quer nas relações de trabalho ou família ou ainda no comportamento solitário. Vou exemplificar com alguns casos que terão certamente acontecido, de uma ou outra forma, com o leitor vivido:

Relações de Trabalho — No primeiro caso, tratava-se de um superior com o qual mantinha o melhor relacionamento, considerando-o mesmo como amigo. Observava que nada do que eu escrevia parecia corresponder à sua expectativa, deixando-me, às vezes, atônito, pois elogiava com bastante generosidade minha capacidade literária. Um dia, ocorreu-me deixar a ele a iniciativa da idéia e, ainda que não o fosse, atribuir-lhe a autoria. O cenário mudou e aquela contensão cessou. Uma vez, enquanto nos encontrávamos descontraídos, fora do ambiente de trabalho, revelou-me sua frustração: sempre desejara ser escritor e invejava extraordinariamente seus companheiros capazes de escrever com tanta facilidade, já que se sentia um criador mas incapaz de passar para o papel seus devaneios ou produções. Até então, como eu tendesse a me irritar, correra o risco de perder uma posição e, principalmente, uma amizade. No segundo caso, inverte-se a posição: um subordinado no âmbito universitário que, em princípio, parecia, evidentemente, não me compreender e depois passou a me hostilizar tão claramente que fui obrigado a demiti-lo, tornando-se, então, meu adversário. Como se tratava de alguém a quem eu já havia estendido a mão em hora de grande angústia, ajudando-o expressivamente, não podia compreender por que se transformara em meu contendor. A circunstância se agravara em face de minha condição de professor de comunicação social. Era patente demais o fracasso, embora não constitua requisito essencial para o bom comunicador social ser antes um bom comunicador interpessoal. Em minha situação, porém, acrescia a responsabilidade com as funções de professor de muitos anos e por ter tido fama de "bom papo", alguns até me considerando bom vendedor de coisas e de idéias. Mas o mundo interior de meu ex-amigo fechara-se para mim e só cessou sua oposição quando saímos da linha da concorrência profissional.

Quero sublinhar, dentro da minha proposta dos mundos fechados, que qualquer tentativa vocabular, qualquer gesto, a essa altura, só contribui para adensar o nevoeiro entre os dois. E aqui cabe inserir a pergunta: — Quantas vezes cada um de nós se encontrou em idêntica situação, nesse desespero da impotência das palavras, quando cada interioridade se dobrou sobre si mesma e uma não se estende mais à outra, começando a agredir-se mutuamente, não porque estupidamente o desejem, mas, apenas, porque escasseiam ou faltam completamente os pontos de contato? Nessa minha experiência descobri que minhas formas de expressão, meu tom muito seguro irritavam o outro inapelavelmente. Em sua ótica, eu aparecia pedante, pretensioso. Enfrentei essa situação muitas outras vezes e confesso que nem sempre pude resolvê-la. Em certas ocasiões, a solução foi a fuga, o afastamento. Bloqueado o canal, não se misturam as mensagens.

Relações Afetivas — Prefiro, aqui, referir-me a uma situação extremamente comum: a dos casais que com o passar dos anos, ao invés de melhorarem, pioram seu entendimento. Ainda há dias, amigo muito culto, médico de valor, me confidenciava seu desalento ante a não-comunicação com a mulher e a filha, agora uma artista vitoriosa. Embora a esposa tenha desenvolvido uma esquizofrenia paranóide (forma aguda daquele "fechamento"), anteriormente e ainda, paralelamente, a linguagem entre os dois veio tornando-se uma troca de flechadas de modo a chegar ao ponto da total inutilidade da conversação. O fato é que cada qual identificou no outro um estranho e se enclausurou em seu universo interior. São trinta e três anos de casados, afirmava-me, e não temos meios de comunicar-nos, embora não haja entre nós aquela clássica interferência de um novo amor. E quando o pai relatou à filha o impasse em que se encontrava, esta, para seu total espanto, não revelou a menor capacidade de entender o que ele tentava lhe transmitir e, ao contrário, agrediu-o com palavras mais acerbas.

Recorreremos, então, a um conselheiro, ao psicólogo, que nos oferecerão remédio, mas quase nunca restabelecerão a ponte destruída. Por que o tempo não contribui para melhorar o conhecimento do outro? Faremos a análise de nossos erros, a autocrítica, talvez consigamos reduzir o nível dos atritos. Creio, no entanto, que a questão é de ordem mais ontológica do que psicológica: o homem, por sua própria natureza, tende a preservar, a defender, a ocultar mesmo seu íntimo mais profundo, deixando a descoberto muitos traços, alguns espontâneos, outros produzidos por conveniência, mas guardando ciosamente para si outros tantos que formam o patrimônio do seu ego, intocado, não revelado, não partilhável. É o que acontece no freqüente problema do relacionamento entre pais e filhos. Não quero ocupar-me do debatidíssimo conflito, uma vez que este tema é quase sempre tratado como fenômeno episódico. Insisto no que é inerente à natureza humana, isto é, que cada ser humano forma seu *universo singular*, irreproduzível em sua totalidade. As transmissões genéticas se combinam, denunciando, sem dúvida, os traços da origem, mas desembocando finalmente num estuário em que a mistura última produz um composto unico, a peculiaridade de cada um. A atitude natural dos pais é sentir-se refletidos nos filhos, em geral muito mais em pretensão do que na realidade. A partir, porém, desse ponto, o pai estranha as diferenças que vai encontrando e se mortifica imensamente quando percebe que não consegue transpor os muros da interioridade do seu filho. — É meu filho, diz ele, carregando o meu com toda a tônica de propriedade pessoal, de parte de seu ser e afigurando-se-lhe perfeitamente justo, coerente, que sua palavra ao filho seja não apenas integralmente compreendida, mas aceita, acatada. Não consegue absorver a idéia de que até o filho, "*seu* filho", represente outro mundo, vivo, próprio, autêntico.

Dos dois lados a comunicação só poderá estabelecer-se através de grande empenho, de penoso esforço para a escolha dos vocábulos, das expressões, dos momentos. Atente o leitor para o ponto que estamos trabalhando: não nos referimos, aqui, à linguagem da rotina, mas ao conteúdo mais profundo da comunicação, para concluir que o fenômeno de não-entendimento faz parte da própria tendência ao autofechamento do ser humano. O autofechamento é a defesa natural da singularidade.

O Relacionamento Sexual — Consuma-se numa sucessão de atos de comunicação e comunhão, representando em seu instante de êxtase a mais total fusão dos seres. No entanto, o ato em si nivela-se a qualquer outro da reprodução das espécies e assim nada mais traduziria senão o cumprimento do imperativo da vida, da natureza, tão completo na flor fecundada através da brisa como em qualquer fêmea em cujo útero penetrem os espermatozóides. Parece-me sempre flagrante impropriedade chamá-lo de amor. Este só existirá no ser humano quando se funde também o espírito. A satisfação com a meretriz ou mesmo qualquer mulher sem compromisso não é ato de amor: compara-se com o atendimento da fome, instinto de sobrevivência. E como até nesse momento um dos dois pode encontrar-se "fechado", não se consuma a comunicação, gerando-se aí tantas frustrações, sensações de alienação, de vazio (falta de qualquer coisa), que acaba definindo-se nesta palavra em voga: desamor, que não é o oposto do amor, mas sua ablação. Infelizmente para os homens, a rotina — a própria seqüela da vida conjugal — tende a engendrar esse estado de "distância" entre os dois, os quais realizam, então, uma função física, mas experimentando desagradável sensação de incompletamento. E quem poderá abrir esses canais ou suspender esse véu espesso? E quantos desejos inconfessados se esconderão nessa clausura? Nessa vida sexual se aninham agudos anseios que os psiquiatras explicarão como resíduos amontoados de experiências e frustrações da infância e da adolescência ou até taras de origem genética. Essas fixações armadas no inconsciente profundo, como *relays*, tocadas, relaxarão os bloqueios da interioridade, permitindo a "manifestação" da individualidade verdadeira que a educação, os *mores* conseguem abafar, reprimir. E essa "revelação" pode acontecer em qualquer idade.

O UNIVERSO QUE DESEJAMOS TRANSFERIR

Milhões e milhões de palavras se proferem e se escrevem para tentar informar o que é o ser humano dentro de si mesmo. E outras e outras continuarão a acumular-se no tempo ou perder-se no espaço. Mas cada um de nós, afinal, é seu próprio e único universo. Temos que meditar sobre este termo, o universo, pois, além de significar a totalidade das coisas ou das entidades ou dos valores, exprime também o seu fechamento sobre si mesma. Por isso imaginamos o universo em forma esférica dentro da qual se compõem, movimentam ou se agitam os seus elementos sem, todavia, ultrapassar seus limites.

Interiormente, cada um de nós é um universo, onde muitos dos componentes — quiçá a maioria — se identificam com os de outros universos, mas cuja combinação final resulta sempre exclusiva. Todos os homens se assemelham mas cada indivíduo da espécie humana realiza a sua unicidade, a sua originalidade. O criador produz eternamente novos matizes de sua obra. Evidentemente, essa nova vida mental desenvolve seu sistema, que adota os símbolos externos, convencionados, como a linguagem, com todos os seus signos e os absorve em seus mil arranjos. Neste mesmo instante desenvolvo ação combinatória, ao procurar definir a vida interior como eu a sinto em mim (tal qual o leitor sentirá a sua?). Que faríamos nós sem esses instrumentos de expressão, sem esses meios de comunicação? Talvez pudéssemos viver sem eles, se conseguíssemos dominar, totalmente, as poderosas faculdades de percepção extrasensorial. Nessa hipótese nós nos comunicaríamos sem necessidade de sinais de qualquer espécie e, então, não seria possível a ninguém enganar alguém. Até esse dia, contudo, vamos curtir as amarguras da impotência vocabular na tarefa de traduzir estados de espírito. O que desejo deixar claro é que toda essa construção de frases, ainda as mais ricas, mais precisas, apenas *tenta* transmitir ao outro sua completa visão, por sua própria natureza dificílima de traduzir.

Se a comunicação humana pudesse adotar a univocidade (um só sentido) matemática, só necessitaríamos da devida atenção do outro para a ele levar nosso instante interior. Infelizmente, apesar de todas as formulações da teoria da informação e de suas unidades de medida, esse "universo" de cada um é como o interior do átomo: um movimento constante, muitas vezes frenético, de partículas, produzindo climas diferentes. Assim, ora estamos mais quentes, ora mais frios, as temperaturas parecem repetir-se e no entanto sofrem alguma alteração sempre. E acabamos afirmando que nem a nós mesmos nos conhecemos bem. Os orientais nos ensinam meditações profundas nas quais se busca o silêncio e a iluminação interiores. Em todas elas procura-se, através da imobilidade física (ausência de movimentos, redução de atividade muscular ao mínimo atingido até os reflexos) e da imobilidade psíquica (concentração num ponto hipotético, afastamento de cogitações e elucubrações), alcançar a paz revelada no aumento da vida puramente espiritual, quando cada um é só ele, sem qualquer apoio, sem auxílio, sem ninguém, sem coisa alguma. Só, na vastidão de seu universo, singular, quem sabe, gozando a paradoxal felicidade da solidão? Como identificaremos, como definiremos esse nosso universo, esse mundo de percepções, de intuições, de visões, de saber acumulado, de experiência vivida, refúgio último contra todas as invasões? Pois é a partir desse fantástico reino interior, desse castelo, que emitimos nossas mensagens aos outros "mundos", buscando por todos os modos influenciá-los. Porque toda forma de comunicação humana é apenas isto: tentativa de transferir parcelas de nossa interioridade, momentos de vibração íntima, nossas visões da vida ou do sonho (que afinal se confundem), da realidade ou da fantasia (também se fundindo). E aí se dá a implosão: nem nos damos todos, nem somos totalmente recebidos.

Quero, então, afirmar que esse nosso universo, no cômputo final, nunca se transmite integralmente? Precisamente. E que devemos conformar-nos, apenas, com índices de aproximação.

Na prática da convivência humana, ao contrário do que se dá com os demais animais que executam a programação de seus sistemas reduzidos de estímulo-resposta, desfrutamos a capacidade de "enriquecer" os "climas" interiores com *acréscimos* individuais de recriação e assim de alterar as freqüências.

A comunicação se exercitará como um esforço penoso, contínuo, ou se preferirmos fugir à idéia de sacrifício, como uma conquista interminável. Pois o universo de cada homem acaba sendo só seu, ainda que se esgote em palavreado. Nós nos referimos a esse fenômeno toda vez que dizemos: "teria sido melhor nada ter dito" ou "falou demais".

Nenhuma língua contém tantos e tão preciosos e diversos vocábulos que possa realizar sempre o efeito de transmissão de nosso universo. O homem deve, portanto, acostumar-se a essa deficiência.

A paz entre dois ou mais seres humanos resultará dessa elevada compreensão. Nossos mais completos sistemas de comunicação jamais conseguirão exprimir a riqueza de nuanças gerada pelo universo de cada um. Em compensação, encontramo-nos, com alegria ou conformação, numa frase do poeta, num período de expressão de outro, numa vibração estética, da música, da pintura, numa identificação filosófica ou romântica. Também aqui emerge outro ensinamento: cada universo pode ceder ao outro algo, por menos que seja, de contribuição.

Talvez como o Cristo prometeu, um dia seremos todos um. Com o verbo eterno, sem o verbo do homem.

A CONVIVÊNCIA SE FAZ POR CÓDIGOS

Enfim, o homem recolhido a seu universo, faminto de curiosidade pelos universos dos outros, explode dessa contradição inventando uma série interminável de códigos para estabelecer a ponte entre esses dois mundos. Para que? Para viver em sociedade.

Certos autores colocam a origem dessa convivência no desejo de melhorar nossas vidas individuais, enquanto outros acentuam como preponderante o impulso para influir na alteração do comportamento alheio. Prefiro descobrir nessa produção e intercâmbio de códigos um jogo de compensações, em que o emissor e o receptor vão, continuamente, trocando seus papéis. É o que caracteriza o colóquio ordinário: os parceiros contra-informam, sugerem, provocam, envolvem, silenciam significativamente.

A conversação é uma espécie de esgrima. Estou evitando a sofisticada terminologia da semiologia para me restringir a uma só designação, o código, em que se incluem todas as modalidades de expressão interpessoal, como um gesto, as atitudes, as variações fisionômicas, as entonações da voz, as palavras, suas construções.

No entanto, embora este trabalho não pretenda apresentar-se como estudo sobre semiologia, a necessidade de clareza nos impõe demorar-nos mais em torno dessa questão instrumental no processo da comunicação. O conceito de código implica sempre certa idéia de segredo para os não-iniciados, o que vale tanto para os casos que exigem proteção especial, como a correspondência diplomática ou militar em tempo de guerra, quanto para a mais banal conversação. A partir do fato irrecusável de que os signos verbais são completamente convencionais, quem não conhecer sua interpretação ou sua significação não conseguirá captar a mensagem. Por isso, o código se constitui de determinados signos e suas combinações, destinados a produzir prefixados sentidos.

Na compreensão do sentido ou melhor na coincidência de sentidos entre quem fala e quem ouve, se consuma o ato da comunicação. Se eu digo a meu filho: — Contraia os músculos abdominais ou coloque-se em posição ereta, e ele não conhece o significado dos termos, abdome ou ereta, nada acontece ou ele executa a posição errada. Tudo, pois, gira em torno da significação como base do relacionamento social. "Que queremos dizer quando afirmamos que a significação é uma relação social definida?" — pergunta Adam Shaff (em *Introdução à Semântica*, pág. 261). Mais ou menos o seguinte: alguém deseja incitar alguém à ação, informá-lo sobre seus pensamentos, sentimentos, etc. e com esse intuito em vista recorre a um signo — gesto, palavra, imagem, etc. Se obteve o efeito desejado, isto é, se os pensamentos apropriados de fato se transmitiram à outra pessoa (como se pode inferir da resposta ou do comportamento de quem recebeu a transmissão), dizemos que a significação do signo foi compreendida pelo ouvinte. Aquilo a que chamamos significação surge onde ocorre um complicado processo social. Os seguintes elementos são indispensáveis para a ocorrência do processo:

1) duas pessoas (classes de pessoas) que se comunicam uma com a outra, isto é, duas pessoas que pensam;
2) aquele algo a que o signo se refere;
3) o signo mediante o qual os pensamentos são transmitidos.

O corriqueiro fenômeno da convivência envolve continuamente todo esse complicado mecanismo de utilização de códigos para ultimar o relacionamento humano. Mas o signo ou, em termos comuns, o *sinal* (coisa que serve de advertência, meio de transmitir à distância mas à vista, manifestação externa, indício, segundo o *Pequeno Dicionário da Língua Portuguesa*) foi por nós criado para *traduzir* uma realidade qualquer, seja física como as coisas, os seres, os fatos, seja psíquica como as emoções, os juízos, os conceitos.

Esses sinais e suas mil combinações interpretam a forma em que vemos, sentimos, apreciamos tudo e servem para que transmitamos nossa significação.

Na verdade, tal processo está sempre marcado pelo cunho pessoal de cada um, em que, mesmo inconscientemente, estamos influindo no comportamento dos outros.

O vaivém de pressões recíprocas, através das convenções da conversação, as palavras não tendo exatamente a mesma significação para todos, forma o sistema da convivência humana, explica bons e maus resultados.

Atente-se bem: o bom conversador (o clássico *causeur*) é sempre envolvente.

A PALAVRA MÁGICA

Entre as palavras com as quais transamos com mais assiduidade há algumas que exercem função mágica. Ou revelam *status* ou se incluem no rol dos modismos. Entram na seqüência da fala. Por mimetismo ou o que seja, elas se apresentam no cenário coloquial. No entanto, quase ninguém pode responder sobre o significado exato de tais termos. E às vezes se trata de conceitos bastante elaborados e até complexos. Os meios de comunicação eletrônica contribuem poderosamente para a implantação e o prestígio dessas palavras. É o caso, por exemplo, de cibernética, informática, parapsicologia, estrutura, modelo, posicionamento, análise e quejandos. Se são empregadas e se completam o ciclo da comunicação, por que indagar de seu conteúdo semântico, perguntar-se-ia. Prevalece o consenso tácito de aceitação em termos médios, sem a preocupação do rigor conceptual e as pessoas vão se entendendo mais ou menos, até porque a comunicação nunca está exaurida. A palavra preenche os vazios. Solta-se no espaço mental para se inserir em frases de expectativa. Creio mesmo que a gente não se ocupa tanto em ser compreendida. Satisfaz-se em ser ouvida. Habitamos o clima das reticências, das perplexidades, da linguagem ambivalente e interminada. O volume afogante de informação (dados) e comunicação (percepções) despejado pela mídia atual injeta em cada um de nós, recipientes, mecanismos de expressões repetidas que vão sendo incorporadas ao sistema da fala independentemente de serem decifradas. Apesar dessa circunstância que se poderia qualificar como deprimente, essas expressões ganham posição e adquirem força na conversação corrente. No interior, todavia, de cada ser humano, apesar dessa alegria da palavra, alarga-se um estado de incompreensão.

Na era esplendorosa dos meios de comunicação coletiva, no interminável jorro de palavras e sons, o ser humano está irremediavelmente solitário. Efetua-se a comunicação periférica, superficial, a dos monossílabos, das frases gravadas, estereotipadas, esperadas como certas e não se consuma a comunicação profunda, de espírito a espírito. Observo esse fenômeno nas mais corriqueiras conversas. Ponho-me a anotar a ansiedade de cada um, ao voltar a sua exposição, a seu tema ou explicação, porque não se sentiu percebido. As pessoas não prestam atenção. Não raro, o processo se torna exaustivo. Os indivíduos se entenderão melhor na comunhão do som alucinante talvez com o complemento elevador dos álcoois que dilatam os vasos e os horizontes. As palavras continuarão a ser jogadas, atiradas, sussurradas, repetidas, então, com euforia. Algumas se gravarão no inconsciente profundo e vão saltar para o consciente mais tarde ou produzirão combinações oníricas, inexplicáveis. Para outros, elas formarão o elenco da magia como o descreveu deliciosamente o poeta Pablo Neruda em sua obra *Confesso que Vivi*. E também alguma vez mergulharemos fundo no vazio, onde as palavras esvoaçam como borboletas sem cor, sem sentido. Estaremos no oco, sem eco. Sem a palavra parece tudo perdido. Quando afirmarmos que não temos palavras, um mago do verbo pode acudir-nos. Em nosso silêncio, talvez insuportavelmente pesado, clamemos por um Carlos Drummond de Andrade. Ele dirá. Ele tem a palavra.

A COMUNICAÇÃO LÍRICA DESAFIA A IMPERMANÊNCIA

Quem diria que o lírico passou? Não vivemos o mundo dos "objetivos"?

O lirismo assume outros ares e outras formas, como tantas idéias ou emoções que repontam sob novos nomes. Só para comparar: quantas teorias das mais modernas (como a teoria dos sistemas, tão atual e prestigiada como literatura para alta administração) são, apenas, versões novas de proposições antigas. A dos sistemas está prevista por Platão e enquadra-se na linha dos raciocínios lógicos de Aristóteles; tanto na política quanto na retórica. Reduz-se, simplesmente, ao método de colocar as coisas em sua hierarquia própria e seu relacionamento natural, e de arrumar as partes dentro da ordenação para o todo, no espírito mesmo em que o Supremo tudo criou para que funcione organicamente, endereçando-se a um fim, girando em torno de um núcleo, dentro do sistema.

O lírico, afirmo, é perene na vida do homem que, todavia, em sua constituição como ser, em seu ambiente, com suas criações, seus artefatos, prossegue na caminhada da mudança. Este ritmo de aceleração, característico desta fase da sociedade humana, cria o atual *estado de impermanência de todas as coisas*, dentro do qual flutua, contudo, intocado pela maré de substituições, o dom humanístico do lirismo. — Venham os *robots* insensíveis, mas estes três grandes detonadores das reservas líricas: a flor, a dor e o amor continuarão a elevar o homem de seu chão cotidiano. Não esgotarei as fontes. Não mencionarei o refúgio de ternura que os humanos descobrem nos irracionais, particularmente no cão. Contemplo a flor, graça da natureza, a distribuir em nuanças sem fim a estesia da contemplação.

A natureza fala. O que é necessário é ouvi-la.

ROSA YOGA

A rosa me espreitava
e eu não percebia,
até que um dia
assim me falou:
— "Andante racional,
inquieto animal
de corpo astral,
por que não páras para a contemplação?
olha para mim, sem sofreguidão,
encara-me, sem agitação."
Suspendi os passos,
fechei meus espaços
e soltei meus laços.
Agora, éramos eu e a flor
misturando nossas solidões.
Senti, então, a linguagem total,
sem verbo e sem ação
da beleza abissal.
A rosa me dava paz,
sem preço e sem condição.
Eu me entregava inteiro
gozando minha rendição.
— "Rosa, falei, traduz
o mistério da luz
que foi a primeira
no ato da criação."
— "Volta ao princípio,
disse-me a rosa comunicante,
que é o fim e é um só
na comunhão universal."

Da dor e do amor tratarei adiante. Quero, sim, acentuar o sentido de comunhão de interioridades, característico do ato humano comunicante. Em face da flor, da dor e do amor, o homem se transporta ao íntimo do outro, sem que isso possa ser medido em termos de unidades de informação. Em outras palavras, sem que possa ser quantificado. É uma galáxia com seus contornos imprecisos, esse momento de vibração interior, de comunicação total, a dispensar as frases corretas, as orações bem arrumadas. O poeta, apenas, traduz. Parece-me que o poeta entra em transe, transcende. Esse é o fenômeno humano que resiste à pressão da impermanência: ponto de equilíbrio em que sentimos a vida, participamos do universo e, ao mesmo tempo, podemos gozar a tranqüilidade do encontro com o outro.

INTERVALO FINAL

Estou quieto
em plena realização,
só contigo.
E de mais não necessito.
Cheguei ao ponto,
posto em sossego.
Indagas por que não anseio,
estranhas por que não procuro.
Encontrei o momento.
Estou no traço
que fica entre a espera
e o havido.
Aqui e agora
é o tempo de gozar
a interior vibração,
além da vaidade,
acima do entendimento.
Abandonado à gravidade,
renuncio ao movimento,
entregue ao sentimento
de benéfica comunhão
com a graça universal.
Daqui, sinto que posso partir
para o repouso total.
Talvez não compreendas

porque este é o intervalo
entre a dor e o prazer.
Deixa-me sentir,
quase como sem vida,
a tranqüilidade do encontro
e a paz deste silêncio.

Toda a história da humanidade está marcada, desde que foi possível registrar qualquer forma de presença do homem, por esse toque de lirismo na comunicação.

As religiões o cultivam intensamente. Na Bíblia, o próprio Gênesis oferece puro lirismo na beleza das informações sobre a Criação a espalhar-se por todos os outros livros sagrados até chegar ao Cântico dos Cânticos, onde se transforma em êxtase.

Todos os demais livros religiosos, de outras crenças, se pautam pelo mesmo tom poético e a história do homem vai se escrevendo no entrelaçar dos poemas eternizados. E assim, até na era eletrônica, quando cada vez mais maciçamente se condicionam os indivíduos, quando a máquina substitui quase todas as faculdades humanas, nós continuamos a nos refugiar em palavras amorosas, devaneios, suspiros românticos, para nos salvar da dureza do cotidiano, dos imperativos do consumismo e de suas formidáveis inovações. A poesia é forma eterna da comunicação, que o computador não poderá produzir.

Agentes de lirismo, atualíssimos, são Roberto Carlos, Tom Jobim, Chico Buarque de Holanda, Vinícius de Moraes, Sérgio Bittencourt, entre outros, que embora misturem um pouco de nostalgia com muito de empatia, comprovam pela continuidade de seu êxito popular a validade de nossa tese.

Eis aí: o lirismo de que trato é este mesmo, um instante de doçura infinita, palavras delicadas de romance sempre renovado, a revelação da poesia escondida sob os véus da austeridade ou os ventos do deserto. Quando falo em mundo, compreende-se que é o mundo da gente, da nossa família, é o mundo do nosso grupo, do nosso trabalho. O mundo agitado, tentacular, que guarda, todavia, recantos para namorar. E se faltam esses lugares pudicos, que importa? O namorado de hoje se agarra e se beija à luz do sol, dentro do carro, na fila qualquer, em presença de quaisquer pessoas (independente das faixas etárias e grau de parentesco), em demonstração patente da quebra dos tabus, que julgavam impudicidade a demonstração pública de atitudes afetivas, hoje transformadas em fatos corriqueiros integrantes da paisagem social.

Essa cidade em que estamos todos inseridos é a *polis*-envolvente e atualmente estendida ao próprio campo, indo até sua gente através do rádio de pilha e da comunicação eletrônica.

Neste momento, a cidade absorve o mundo. Todos vivemos na chamada aldeia global, graças, exatamente, aos veículos eletrônicos de comunicação. E todos padecemos dessa impermanência das coisas, das pessoas e dos lugares, criada pela velocidade da mudança, pela excitação das trocas, pelo chamamento à novidade, pelas girândolas das inovações e, finalmente, pela expectativa assustada do amanhã — o choque do futuro de que fala Alvin Toffler. Impermanência implica sentimento de temporariedade. Normalmente o experimentamos desde a infância. Nada é tão efêmero quanto a própria vida. Há uma certa fase da existência humana, a ascensão física e psicológica — a adolescência — em que a despreocupação, por inexperiência do perigo, leva a ligar pouco à vida, porque a temos como praticamente eterna. Mas depois a seqüência do viver vai acumulando ao longo do caminho as saudades dos que tombam e as projetam sobre nós. Aí começamos a sentir a fragilidade do existir. Não há nada mais temporário do que esta nossa minúscula existência. Não apenas ante a eternidade, incalculável, inumerável, imprevisível, imponderável, mas, simplesmente, em face da vida física, desse universo de que fazemos parte. Mas esta é a *minha* vida.

Que sentido temporal tem a vida de um homem? Não passa de um relampejar, de um acender e apagar de luz no imenso processo cósmico. Mas é a *minha* eternidade que começou.

ENCONTRO NA PRAIA

Estou meditando no meio
da água, do ar, da luz.

Estou chegando quase ao seio
da pulsação primeira que produz
a vida.
Preciso parar.
Quero ouvir,
ou sentir ou fremir,
junto com essa ondulação
do mar, do éter, da vida.
Busco o silêncio de mim mesmo
para perceber os outros sons.
A vida, agora, escorre entre minhas mãos.
átomos de hidrogênio
e de oxigênio
e trêfegos raios de sol
se interpenetram e copulam,
imantados pelo princípio
que vivifica a perene renovação.
Em torno de mim, os outros homens
cujos corpos tomam a bênção
da água, do ar e da luz.
Mas eu desejo fugir do corpo,
templo e prisão do espírito,
para me encontrar com a graça
que vem do alto,
com a fonte da vida
que é, não foi nem será.
O que foi e que será
está aqui,
neste movimento
da espuma que desliza
na areia aquecida de sol.
Mas o que é,
está antes e depois:
A vera-vida
que me convida
a apenas viver.

No entanto, apesar de ser esse um sentimento natural, a percepção da temporariedade, hoje em dia, se aguça, se aclara, se define de modo especial, como efeito do ritmo de sensações geradas pelo processo de desenvolvimento, paradoxalmente envelhecendo tudo muito rapidamente.

O desenvolvimento tecnológico é a primeira fonte de todas essas mudanças. Não é só o fato de se produzirem a cada dia novos inventos, novas coisas, de a tecnologia se expandir, de substituir. Vale a pena acentuar aqui que vivemos o fim da civilização do petróleo fácil, pois essa etapa nasceu com a minha geração, a dos que já atingiram meio século de vida.

A gloriosa civilização do automóvel à custa da gasolina barata (lembremo-nos de que, há bem pouco tempo, um litro custava menos do que o de uma água mineral) será substituída por algum outro combustível oriundo de processo tecnológico. Não teremos, apenas, a mudança na alimentação do motor, mas o próprio conceito do uso do carro particular variará. Haverá, inevitavelmente, no mundo inteiro — e já se dá entre nós — a limitação do seu uso como meio de transporte singular, por sua contraposição aos interesses maiores das comunidades superpovoadas. Só mencionei o automóvel por ser das mais marcantes manifestações da civilização atual, retratando-a de forma inconfundível.

Poderíamos, imitando MacLuhan, falar de "Galáxia do Automóvel", já que em torno desse núcleo se montou o sistema de vida, de conforto, de *status*, resumindo aspirações, revelando conquistas da comunidade moderna. Essa "galáxia" tem pouca idade e em seus termos atuais tende a extinguir-se. Facilmente deixamos de nos lembrar de quão recente é este tipo de desenvolvimento.

Seus parâmetros se alterarão porque assim o exige a polarização urbana.

O campo, sempre ansiado pelo homem da cidade, se apresenta como a exceção, a passagem. A cidade é a vida, embora canse, esgote e excite o desejo de fugir para fora.

O primeiro plano da impermanência se forja na tecnologia da novidade portadora de uma força intrínseca de mudança. Seu médico lhe receitou sulfa, depois penicilina e vai passando por outros antibióticos e lhe informará que o anterior está ultrapassado. Esse ímpeto de variar (às vezes, a mudança é tão tênue que mais se lhe ajusta o termo variação) se sente muito mais de perto na área dos costumes. Na definição jurídica, revela-se lenta, menos açodada. Mas na esfera social, dos modos e costumes, é rápida, compulsiva, intransigente.

Nada traduz tão bem esse frenesi, que muda até a linguagem, quanto o espetáculo das lojas e feiras de excitação do consumo no apelo às novidades. Para criálas, contratam-se talentos e estes exploram, habilmente, a obsessão do consumo. Sua imediata conseqüência: a impermanência das coisas produzidas e das posições sociais conquistadas, com seus reflexos na ascensão e mutação de classes.

A própria posse do carro, ao invés de ser motivada pela necessidade de locomoção, parte, muitas vezes, desse anseio de *status* — melhoria de condição social. Transforma-se o carro em projeção psicológica, impregna-se de sentido psicossocial.

Dentro da sociedade a emergência das novas classes acentua a transiência. Outro exemplo: os cursinhos e os supletivos que abrem à massa enorme de gente a penetração no ensino superior, oportunidade muito mais restringida anteriormente. Já não falo da múltipla escolha, que oferece a possibilidade da sorte, além do próprio saber, pois múltipla escolha inclui sempre elementos de probabilidade. Reconheço, aí, a benéfica interação de classes sociais, cujos níveis de diferenciação diminuem sensivelmente, particularmente nos hábitos, nas roupas, na equalização social. O *jean* iguala rico e pobre, graças à tecnologia da produção e ao *marketing* de massa. Citemos ainda o acesso a elementos embelezadores para a mulher. As de menor poder aquisitivo podem se apresentar tão sedutoras quanto as de maiores posses. A tecnologia gera essa massa de produtos, barateando-lhes o custo, permitindo à doméstica ou à operária exibir-se tão atraente quanto a mulher ou a filha do patrão. Curiosamente, o progresso capitalista vai realizando as pretensões coletivistas de massa. O couro plástico substituiu as pelicas naturais. O algodão recebeu a mesma estamparia das sedas finas. O fio sintético ocupou o lugar dos cabelos animais na confecção de perucas, tudo ao estilo da moda atual, só se distinguindo qualidade no toque manual. Mas a elegância é um todo que pertence ao campo visual.

Outro dos poderosos fatores de impermanência em massa no espaço social é o turismo, por se tratar de fenômeno de integração humana com repercussão de natureza econômica. Origina-se no desejo do homem de conhecer o outro, seus lugares, seus costumes, sua língua, sua história, sua vida, seus triunfos e seus desastres.

O turismo se massifica com os veículos, as estradas, os motéis, propiciando essas possibilidades de encontro com o passado, o presente e o futuro em outros lugares. O turismo unifica do ponto de vista nacional e confraterniza do ponto de vista universal, deixando, hoje, de ser aquele privilégio de minorias bem dotadas economicamente. Internamente apresenta aspecto fascinante, porque dentro do ângulo da comunicação nada mais eficaz do que exatamente o turismo organizado. No entanto, ele se inscreve nesse quadro da impermanência, com milhões de pessoas em contínuo vaivém, embora, em seu bojo, carregue aquela dose de romantismo, de alegria do conviver e de sonhar, do eterno lirismo.

Quem não voltou ao devaneio, em namoro, de mãos dadas, pelas calçadas dos canais ou pela Praça de São Marcos em Veneza? Que importa o automóvel, se é muito mais romântico amar dentro de uma barcarola? E tudo isso se pode fazer em suaves prestações mensais.

Outros aspectos da mobilidade social podem ser alinhados. Que dizer da residência nas "favelas de concreto armado", caracterizada pelos grandes edifícios de apartamentos (com espaços cada vez mais exíguos)? Essa moradia resulta dos interesses de negócios do mercado construtor, muito mais que da necessidade de morar. Num país como o nosso, onde o espaço ainda está sobrando, podendo acomodar 10 ou 20 vezes a nossa atual população (o que não se deseja), não se explica, racionalmente, que mesmo pequenas cidades do interior se orgulhem de construir seus arranha-céus. O apartamento é, para esses cidadãos, motivo de projeção, de orgulho. Os advindos de fora irão restaurar velhas casas para valorizarem o passado com toda a sua arquitetura romântica e enfeitada que já não se pode repetir.

A miscigenação racial, também aponto como um dos produtos dessa transiência, à medida que vai sendo aceita. Eis um dos grandes e mais belos efeitos humanos do impulso acelerado da mudança: o preto é belo, dizem os refrões. A miscigenação é o fato cuja aceitação o próprio veículo da comunicação impulsiona, apressa, torna natural. Mudou e para melhor.

A impermanência está implantada no campo econômico. Exemplo frisante é o da recente transferência de poder financeiro para pequenos países árabes. Há poucos anos, nem Harman Khan, nem Winner ou qualquer outro futurólogo, sequer aventou a hipótese dessa transferência. Há aí algo de anormal? Não. Mais uma vez, se confirma a precariedade de tais previsões, para não falar da pretensão dessas prospectivas, em geral montadas por setores dos países ricos, que, na verdade, não pretendem ceder coisa alguma de suas posições de vantagem. De fato, todo seu empenho se concentra em manter dependentes os países chamados de "terceiro mundo". E, de repente, funcionou o fator da transiência no universo intercomunicante: os fornecedores de petróleo acordaram. Nas mãos dos habitantes de um mundo subdesenvolvido acumulou-se incalculável poder financeiro. E tudo aconteceu quase de repente.

Tal mudança no plano econômico em nossa história de há cem anos não se conceberia. Que ocorreu? Mudança de atitudes, ante um momento histórico — a guerra com Israel — em que os árabes despertaram para a noção de seu poder de manobra, rapidamente, e os poderosos tiveram que engolir a decisão. Poderiam aumentar o preço e nada lhes aconteceria. E assim passaram a dispor de imensa capacidade de pressão e de influência no desenvolvimento dessas mutações. Também nesse terreno, como fruto da impermanência, com a mesma velocidade, se constroem e se destroem os grupos ou conglomerados empresariais e financeiros. O processo econômico não se rege, apenas, por determinantes objetivas, mas está sujeito às surpresas das reações subjetivas e dos fatores irracionais.

Então, falham as previsões, os cálculos matemáticos.

A impermanência econômica causa, também, uma espécie de estado de espírito, e medo do amanhã, não unicamente entre os mais velhos, vítimas da discriminação etária, mas entre os jovens aos quais o mercado de trabalho oferece perspectivas cada vez menos alvissareiras.

Bastava outrora ser competente, honesto e trabalhador para vencer na vida com certa tranqüilidade. Hoje, além dessas virtudes, há que contar com sorte e imensa "garra". Daí essa atmosfera de instabilidade: sentimos que tudo é mutável demais. As gerações novas reagem com veemência compreensível, mas inútil. Alguns se lançam à experiência de *hippies*, o que, na verdade, reflete a própria insegurança. Buscam uma saída para ser gente, para viver bem nesta sociedade intimidada. Inútil reação. A pobreza consciente só vinga em nome de ideais espirituais.

Outra exibição de impermanência se dá na moral centro das convenções. Conquistou-se a liberdade sexual, não só a dos jovens, mas a dos adultos, que a estão descobrindo. A grande façanha da quimioterapia, a pílula bloqueadora, libertou o amor físico. E, novamente, a saída desses "círculos fechados" e em contínua mutação é o lirismo.

Que dizer da ousadia do adolescente, objeto mais próximo do processo de transiência, perplexidade e tortura do educador? A garota de 12, 13, 14 anos se afirma como gente. Diz palavrão, quer decidir. O fato é que ela acordou mais cedo para a vida do que as gerações anteriores. Sabe o que pensa e chega a conclusões e rebela-se contra a disciplina familiar. Como os veículos de comunicação social são totalmente disponíveis (de nada valendo esses ridículos avisos de "impróprios para menores"), no caso, o adolescente se torna mais atrevido, enfrenta a sociedade, desafia os pais e sua linguagem descompromissada representa na constância de mudança o mais flagrante modelo de transiência.

E como mudam as roupas e os padrões! Uma tira de pano, a tanga, ganha foros de publicidade universal. A moda, graças à impermanência, tornou-se mais tirânica do que nunca. Quando, depois de relutar algum tempo, aceitamos uma inovação, surpreendemo-nos com algo ainda mais audacioso. Simplesmente, "já era", e sua linguagem uniformizada pela força da mídia de massa se contrai em equívocas reduções vocabulares, caracterizadas por uma existência efêmera e por formidável ambigüidade ou ambivalência e, logo, logo, a palavra nova morrerá. Surge outra.

Há menos de uma geração uma infeliz moça, cujo trágico fim abalou seus inúmeros admiradores, ganhou fama por ter posado nua para um calendário, num momento difícil de sua vida. A foto "escandalizadora" apresentava-a de lado e com o rosto parcialmente encoberto pelos seus abundantes cabelos louros. Hoje, ao contemplarmos tal foto, achamo-la bastante ingênua e nem podemos compará-la com as que compõem páginas e mais páginas das mais respeitáveis revistas consideradas de excelente qualidade. E são todas de mulheres bastante conhecidas em nosso meio artístico, algumas até mães de família e de forma normal de viver, que se exibem em poses sensuais e com os rostos inteiramente descobertos, como que orgulhosas de terem sido escolhidas. Quebrou-se o bloqueio entre a moral e a nudez. Fundiram-se.

Nudez que há bem pouco tempo era considerada arte, apenas em pinturas, assim mesmo com determinadas restrições aos modelos, e em fotos era pornografia, hoje, traduz-se como expressão de beleza, transformando, em "mitos" ou "símbolos", as que podem posar desnudas pela perfeição de suas formas.

Sexo, nudez, carícias públicas, etc. são os mais célebres protótipos da transiência. Acabou-se o preconceito que os encobria como coisas vergonhosas e passaram os atos eróticos a assumir certa forma lírica de pureza. Poesia mesmo. A mudança está na rapidez com que nos acostumamos a esse cenário.

A obsolescência se dá em ritmo alucinante. Ao processo natural de mudança acrescentou-se um acelerador detonante, porque a transiência é do próprio cosmos. O homem moderno estimulou a pulsação do organismo social a tal ponto que, novamente, para não ser devorado pelo monstro que montou, corre a seu único refúgio, a poesia interior.

Do delírio das transformações, da veemência da transitoriedade, restam as delicadezas do direito de sonhar. Suas criaturas tecnológicas metamorfosearam-se naqueles oito erros capitais descritos por Konrad Lorentz em *Civilização e Pecado*: a superpopulação, a devastação do meio ambiente, a corrida contra si mesmo, a tepidez mortal, a degradação genética, a ruptura da tradição, o contágio da doutrinação e as armas nucleares. No meu entender, porém, todos esses vícios, incorporados ao "sistema" do homem, procurarão ajustar-se ao novo equilíbrio, cujo ingrediente de moderação ou compensação é sua vocação para o lírico. Esta ressurge dos descombros sociais, ou morais, em novas formas ou reproduções nostálgicas. O lirismo recriador, reconstrutor, só desaparecerá com o último homem. O lírico caricaturado pelos "objetivos", diminuído pelos "práticos", mas exibido sempre, ainda que às escondidas, é o permanente e constitui esperança do homem contra a impermanência desta civilização automatizante.

No fenômeno humano da comunicação, o lirismo refletido pela capacidade de sonhar e re-criar a linguagem fulgura como diferença específica, eterna, ligando o ser humano às mais altas esferas da fé e da esperança, da compreensão e do amor.

COMUNICAÇÃO A SÓS

A solidão do homem é, ao mesmo tempo, riqueza e enigma. Pela comunicação, ele tenta, perene e incompletamente, abrir seu mundo interior e penetrar no universo alheio. Basta atentar para a debilidade dos idiomas na medida em que cada um representa o seu próprio conjunto de sinais convencionais, visando a exprimir estados íntimos. Por mais desenvolvida que se apresente a língua, sempre lhe falta acabamento. Algo fica indecifrado. E a própria experiência cotidiana vai nos revelando essa devastadora pobreza. Com o tempo, se soubermos observar e acumular um pouco do aprendido, vamos nos convencendo da excelência dos silêncios, do exaurimento vocabular, da ineficácia da lógica, até mesmo da impotência da mais sofisticada retórica na rotina da comunicação.

Não me refiro às grandes manifestações de professores, políticos, literatos, expositores de qualquer natureza, para grupos ou massa.

Quero tratar do simples relacionamento interpessoal, dessa despretensiosa mas indispensável manipulação e utilização de palavras, para conversar, comandar, ensinar, informar o outro, conviver o esposo com a esposa, pai com filho, o que se diz amigo com o que se julga amigo. Na verdade, esse composto de fonemas com que enchemos o ar é empregado muito mais para esconder o que sentimos. Se dermos um balanço a cada fim de dia, veremos quanto nos enganamos e quão pouco sabemos dos que nos cercam. Porque o enigma é que o interior do homem não se abre e, apesar de se comunicar mais que qualquer outro ser, seu destino é a incompreensão, sua vocação última é a solidão.

O homem, irremediavelmente único, se encontrará só em meio a todas as vibrações, todos os ruídos, todas as falas.

O pai que esperava a compreensão do filho, a esposa que pretendia o entendimento do marido, lamenta-se, chora e descobre sua solidão. E os amantes, todos os amantes, se deliciam com as falácias de seus delírios verbais. Consolam-se com o mundo de felicidade que julgavam ter descoberto, mas, em raros casos de exceção, logo encontram-se a sós.

No entanto, sempre resta a reserva insuspeitada, a possível surpresa do outro — o outro para mim, eu para o outro, somos presenças fugidias.

No indivíduo dorme a esfinge do silêncio. Um dia, de repente, poderá ele deixar escapar a inesperada irradiação. Ninguém, contudo, decifra todo o esquema. Simultaneamente, esse enigma para o outro é, para mim, indivíduo, o grande refúgio derradeiro, no dia em que eu começar a perceber as infindas riquezas do silêncio interior, do abandono à solidão: só comigo mesmo, sem necessidade de companhia, descobrindo o caminho para a luz, para a paz.

Essa fuga, esse medo da solidão, tão notórios nos dias atuais, denunciam a insegurança, a agitação do espírito. A abertura só se dá na tranqüilidade do desengajamento, do desapego, do desligamento.

Não estou recomendando a vida monástica, privilégio para poucos. Aliás, nada estou aconselhando. Apenas afirmo o que todos, mais dia menos dia, experimentarão: essa sensação de impotência da comunicação interpessoal. Afinal não é a comunicação a ponte entre as mentes e os corações? Não é através dela que pretendemos fundir-nos? Por que o diálogo? É que dentro de nós ficou a semente da contradição. Definitivamente, temos que renunciar ao conhecimento total, aceitar essa deficiência, com ela conviver para atingir a harmonia através da expectativa não-agressora.

No solilóquio, sem bulícios, em paz, discernimos o resto, cuja forma exata jamais saberemos desenhar.

PRESENÇA DA SOLIDÃO

Quanto tempo se escoou
sem que eu percebesse tua presença.
Quantas marés minguaram,
quantas luas engordaram,
quantos botões se abriram,
quantos olhos fecharam
e outros se iluminaram.
Quantos ventos sopraram,
quantas chuvas caíram
e lágrimas rolaram,
(minhas muitas),
sem que eu te descobrisse,
tão mansa e tão densa,
com tua voz de silêncio,
sempre em paz,
sempre minha,
a me esperar.
Eu pressentia
esse dia
em que me entregaria
se me largasse a sós
contigo.
Agora, eu repouso
com a alma aberta
e o corpo fechado.
Em meio à multidão,
no seio da agitação,
o tempo está suspenso
e o espaço é inútil.
E as luas,
as marés,
os botões,
as gotas do céu
ou dos olhos,
se transfiguram na luz
que tu me desvelas.
E eu te sinto,
inteira e presente,
fecunda e envolvente.
Agora eu desperto,

do fundo dos ruídos,
sem espaço e sem tempo,
da minha amante, solidão.

COMUNHÃO DE SOLEDADES

Ah! Se eu te pareço valente,
se confias em meus braços,
se vês meu jeito ardente
e assim te abandonas
à minha vigília,
fica tranqüila:
Sustentarei tua ilusão.
Continuarei a te falar
com decisão.
E olharei sempre para a frente
e também te darei minha mão,
e pisaremos juntos
o caminho estreito.
Aquele que conduz à vida.
Agasalhei minha fraqueza
dentro de minha solidão.
Queimo os meus temores
na sarça de tua visão.
E meu estar só
se funde com outro só
e se faz comunhão.

A COMUNHÃO NA DOR

Doer, penar, amargurar-se, amargar, sofrer, chorar, compadecer-se, atormentar-se, ferir-se, magoar-se, afligir-se, torturar-se, por quê?

Não importa que a dor, freqüentemente, se transforme na mais autêntica fonte de inspiração lírica, de comunicação acabada, de estímulo ao progresso interior.

Não queremos a dor física que, no entanto, encerra um aviso de vida, tem caráter semiológico, tanto que sem ela não saberíamos conservar nosso sistema biológico contra seus possíveis inimigos. A dor da alma, todavia, deveria ser desnecessária porque, em geral, nós mesmos a provocamos, a produzimos.

— Por que me ofendes se não te fiz nenhum bem? — pergunta o místico. Se o irracional também sofre com o amor ou o desamor do homem, a este não resta sequer o consolo da exclusividade, do privilégio. Mergulhamos a seta da agressão no interior do outro e não raro o outro e eu já fôramos amigos. E ele larga no meu espírito o fel do engano; da falsidade, da ingratidão, até da perversidade. E pensamos que fomos criados à imagem e semelhança do Senhor. Ao menos, bastar-nos-ia parecer-nos com os anjos ou com nossos irmãos animais que denominamos de inferiores. Mas todo o processo da vida se faz com sofrimento. Destrói-se para nascer. A dor marca, a dor aniquila, a dor renova também. E algumas dessas dores se aguçam acima do que julgamos poder suportar. Como enfrentar a descoberta de que seu amor o traiu? E se seu amor morre em seus braços? Alguém poderá confortá-lo? Quem o sustentará? Por que a existência humana nos enriquece com maravilhosos sentimentos de doação, se podemos assistir, inermes, impotentes, ao definhar, ao padecer de alguém por quem daríamos a própria vida? Por que essa dor?

De minhas próprias experiências, dos meus sofrimentos mais ásperos e das muitas confidências recolhidas cheguei a esta conclusão: não existe o porquê, é a visão do absurdo real. Se no mundo físico parece verificar-se certa coerência, a seqüência de causa e efeito, no das emoções — esse mundo que pretendemos *sentir* — perde-se o nexo entre a expectativa e o acontecimento. Por isso, a linguagem nessa atmosfera escapa à lógica e só é compreensível entre os sensíveis.

A poesia pode, então, soar estranha aos que não captam essas formas soltas, frases sem verbo ou períodos sem relação.

Antes de meu filho morrer em conseqüência de um acidente de carro, consolei alguns amigos que se viram mergulhados nesse abismo de dor. Fiz o que podia de melhor. Depois, contudo, que passei a integrar essa pungente confraria, entendi-os, ou melhor, senti com eles e não ofereci palavras de conforto. Nesses casos, apenas me apresento como companheiro de angústia. Nada a explicar. As duas expressões poéticas que, a seguir, reproduzo, retirando-as de meu patrimônio mais íntimo, brotaram no auge da aflição e só as revelo na esperança de que se sintonizem com algum outro irmão de amargura.

Estamos colocados diante dessas sensibilidades do existir humano, em atitude idiota: toda perquirição, enquanto busca de resposta direta para uma situação concreta de fundo sofrimento moral, se perde no vazio do inexplicável, pode, apenas, conduzir ao desespero, à desconfiança. O cético dirá que tudo o que acontece na vida é parte dessa mesma vida.

Nossa existência não é, exatamente, o que programamos, mas, simplesmente, o que acontece. Em suma, o próximo minuto é imprevisível. Assim essa dor, sem o porquê, compõe o próprio cenário do viver humano em que cada um carrega sua cota de amargura e perplexidade. Quando chega nossa vez de compartilhar o cálice das mágoas, achamo-nos únicos, como ninguém mais, nossa dor se apresenta como única, a maior. Estamos, porém, todos identificados e misticamente unidos por essa singularidade que só se corporifica nas ânsias do porquê. Se duas dores, contudo, a minha e a de mais alguém, conseguem fundir-se, nasce a grande comunhão. Talvez tenha sido esta a proposta do Cristo.

Não sei por que guardamos certo temor de confessar a fraqueza da lágrima. Quando, porém, deixamos correr, juntas, nossas lavas de dor, destas emerge luz para aceitar o incompreensível.

A dor torna-se o caminho para a comunicação e não para a razão.

Mais uma vez, todo processo lógico se apresenta impotente, contraditório, perturbador: a resposta é a dor da alma. O desespero se desfaz na rendição tranqüila ao absurdo, na doação de si mesmo aos mistérios da vida. O penar do coração, para uns, transforma-se em sentimentos de revolta contra a fé, aprisionando o espírito no vazio da desesperança, contra o próximo, odiando-o inutilmente e curtindo o fel da desconfiança.

Para outros, os que possuem autocontrole e capacidade de absorver a dor, vivendo com ela em comunhão com o transcendente, gera, então, as mais altas implosões poéticas e as mais enlevantes produções do espírito. Sim, a dor, como o amor, libera a energia criativa. Foi assim que, sentindo-me perdido, um dia rezei ao Senhor:

ORAÇÃO DE UM PAI MAGOADO

Se cada um de nós é Teu reflexo,
réstea de luz, imagem de onipotência,
se em cada um de nós Te miras e Te revês,
por que permites que tua semelhança se turve,
submersa na amargura, afogada na dor?
— Onde estás tu, Senhor?
Por que Te escondes no mesmo ponto em que habitas?
Insistes em marcar com Tua contradição
aqueles que Te amam.

Teu mistério me inunda
e me magoa também:
Demais.
Tu não és a luz?
Eu não sou filho da luz?
O que era meu filho,
agora é teu irmão.
Desfaz, meu Irmão Maior, esta névoa de temporariedade,
para que eu Te veja
e, vendo-Te, reencontre aquele
que de mim saiu para ti.
Abre passagem para Teu reino,
onde me espera muito amor,
que aqui estou, Senhor,
contigo, em Tua cruz.

AOS VINTE ANOS DE MEU FILHO ÁLVARO QUE NÃO CHEGUEI A FESTEJAR

Um dia vou festejar
esses teus vinte anos.
Para esse dia vou convocar
todos os teus amigos,
os novos e os antigos,
que, agora, são tantos
que os chamarei de anjos.
Não te inquietes com a data
que aí não voga o calendário.
É sempre sol:
Fora de ti, e dentro de ti.
Tudo agora é luz e sinfonia
nessa tua morada de alegria!
E, por isso, eu espero,
apenas, o passaporte,
para te levar meu programa
dessa nossa celebração.
Beethoven esteja a postos,
e meu velho Lamartine, sem falta,
para a nova criação
em tempo eternal!

Bota o cravo com o violão,
a harpa com o pistão
e tudo que canta,
nessa nossa celebração!
Vou te fazer lembrança:
"No reino da bem-aventurança,
todo mundo é convidado."
Avisa, porém, aos demais,
que a festa dos teus vinte anos,
só poderá começar,
naquele dia bonito
em que eu aí chegar.

MÓDULO EXTÁTICO DA COMUNICAÇÃO: O AMOR

Eis o que penso e certamente você chegou ao mesmo ponto: chamamos de amor a muitos dos atos ou emoções do homem. Aquela excitação sensorial que a natureza, em seus mil recursos, disfarça de romance, mas cuja força reside no impulso da reprodução, ou ao belo sentimento de companheirismo, de fidelidade recíproca, gerado no seio da boa formação de costumes, aplicamos o título de amor.

O amor, em sua essência, é faculdade do homem enquanto ser espiritual, portador de um ímpeto interior, que o leva a projetar sua interioridade para dentro do outro. E, quando em instante de êxtase, as duas interioridades se fundem, atingindo o ápice do diálogo (*logos* no *logos*), consuma-se o *estado de amor*, para o qual as *objetivações discursivas* se revelam ineptas, dele se aproximando, apenas, a expressão poética.

Todos temos vivido esses momentos e todos lamentamos sua fugacidade. Creio, porém, que faz parte do "estado de amor" esse toque de perpassar de apogeu a transiência, com a funda sensação de comunhão, ao contrário daquele sentimento de incompletação que acompanha todo ato de comunicação. É que depois de cada "transe", volta a insatisfação.

Com essa realidade devemos conformar-nos:

BUSCA INÚTIL

Do seio da vida tu surges
e teu ser emerge em forma
que eu sinto em cada dimensão.
Sobre tua revelação
passeiam meus olhos
em descoberta.
Tua vida se cristaliza
e transparece
e agora se entreabre
para me absorver.
Desfiz-me em ti
quando te despetalaste em mim.
Já não há vazios.
Tu ocupas todos os meus espaços.
É tempo de plenitude!
Deixo-me afundar
em tua interioridade,
desejoso de teu mistério.
Procuro-te em cada parcela,
na esperança vã
de encontrar tua totalidade.
Qualquer coisa em mim
está oculta em teus abismos.
Mas tu também me invades
com tuas ânsias penetrantes.
E os dois nos consumimos
na procura sem fim.
Além de nós está o ponto de fusão.
Suplico-te: abre-me teus caminhos,
desvela teus escaninhos,
confunde-te comigo.
Perdoa meu grito inútil,
que eu sei
que a forma última da essência
nem tu nem eu
podemos transfundir.
Eis o preço do amor:
A perene insatisfação.

Se pudéssemos viver nesse "estado" de comunhão, estaríamos então no paraíso. O fato é que o homem, somente em raras ocasiões, atinge esse auge de transferência de um ao outro e, pelo contrário, quando se empenha sinceramente, procurando as expressões mais justas, mais corretas, o rendimento da comunicação interpessoal redunda baixo. Explicar-se-ia assim tanto desentendimento.

A própria controvérsia, considerada sintoma saudável do regime de livre manifestação das opiniões, se alimenta na incompreensão ou nas distorções intencionais ou mesmo na versatilidade das interpretações. Por isso o amor se conjuga com o verbo perfeito.

ENCONTRO

Tu és para mim
o outro verbo que com o meu se funde.
Tu és para mim,
o olhar em que se perde o meu.
Tu não és uma coincidência:
és a totalidade.
Tu és singular, para mim,
única e só.
Bem sei que trazes raízes
agarradas a ti ao longo de tua via.
Mas o que eu tenho de ti,
É apenas tu, tu só.
Tu inteira, inconfundível,
mas infindável.
Tu és para mim este mistério
que ninguém vai entender.
E também, não importa.
Só me interessa que tu fales com o meu verbo
e que eu entenda tua voz.
Em volta de nós,
ninguém nos percebe.
Afinal apenas nós dois realizamos
a mistura do homem e da pessoa.
De dois que se completam no infinito.

O resto é minúcia.
O que interessa é o encontro.

Em realidade, no amor, realiza-se o existir no grau máximo: o da excelência da comunicação. Não precisei esboçar qualquer teoria num desses instantes que vivi, como você, companheiro, e do qual escorreu para o papel este pequeno delírio:

EXISTO

Afinal recebi um anjo!
Vi-o em sonhos tantos anos!
Eis-me diante de ti.
Tu és de onde?
De lá, ou daqui?
Quero ter-te em vocábulos,
mas eu te sinto dentro de mim,
que sou corpo.
— Eis-me em ti.
Já não sou eu, és tu.
e nos confundimos,
e nos misturamos,
que não sei onde estou
se sou eu, ou se és tu.
Agora, eu vivo ardente,
o mistério do amor.
E chamo-te de anjo,
porque desconheço
o verbo adequado.
Posso também chamar-te de luz,
fogo da minha vida!
Amor é existência em excelência
e, agora, eu existo.
Não ponho lógica,
nem posso.
Quero, apenas, traduzir
esta vibração.
E só sei dizer:
— "Que te vivo em mim,
que tu me vives em ti."

E sempre nessa troca de presenças, nesse máximo da comunicação entre dois, misturam-se, também, ingredientes que na comunicação corrente, no uso da linguagem, obstruem o processo, dificultam o entendimento, mas, aqui, no transe, geram a fusão: aquele algo muito secreto da singularidade:

SEGREDO

Há entre nós algo de muito secreto:
É essa faceirice de tua meninice
eternizada.
Só tu e eu podemos compreender.
Lá onde tu ficaste,
eu te encontrei
e contigo voltei
aos tempos de que nunca saíste.
De mãos dadas e abandonados,
vivendo de improviso
a musicalidade do inesperado.
Não sei o que é idade
nestes momentos de perenidade.
Penetrei em teu mundo de sonho,
brejeiro e descautelado.
Que graça tem a imprudência
do amor impreparado!
Entre nós não há intróito,
nem peroração.
A luz de teus olhos
se dilui nos meus
em total abertura.
E os dois aumentam o ritmo
da intensa vibração.
De onde vem o uníssono,
que nos põe em oração?
Entre nós, há o puro
da presença trocada.
E no tempo de viver
e no instante de florir,
nós dois nos consumimos

sem medir o que passa.
Fica, apenas,
o jovem eternal.

Nesta fase de minha divagação epistemológica sobre comunicação limito-me a pinçar instante, de um todo intemporal. Exploro partes de uma realidade. O leitor terá outras.

Não pretendo definir o amor, mas identificar no meu transe amoroso o *momento* da fusão comunicativa. O maior volume absoluto das expressões poéticas (repusme a escutar), a que quase todos se entregaram um dia, fica esquecido no recôndito das memórias não manifestadas. Quem não tentou definir o amor?

DO INDEFINÍVEL

Quantas vezes tentei sondar,
quantas vezes quis penetrar
nessa fonte de vida.
Já me consumi em rendições,
já me perdi em vagações
e me abri e me dei
e me fechei e padeci,
mas não encontrei a definição.
Somei e diminuí,
distingui e recompus
para descobrir a equação
desse tempo de coração.
Então, mantive vigília,
montado em pura sabedoria,
para espreitar a solução.
Não serei surpreendido,
não serei envolvido
não serei apanhado,
não serei arrastado
por essa vaga dulcíflua,
embalante e batismal.
Mas meu querer não resistiu.
Vali-me do verbo da luz

que ilumina todo homem.
Ouvi o Cântico dos Cânticos,
mas sua voz também é de êxtase.
Fiquei sem clareação:
"Esse mistério é mais forte
do que a morte."
É paixão e ressurreição.
Eu me entrego, pois, pobre cantor.
Já não busco significação
para essa chama
que vai tão fundo
e vem de tão alto.
O fogo que consome um no outro,
sai do início virginal,
da pureza abissal.
Vem-e-vai.
E aqui, o instante é eterno,
Sem medida e sem verbo.
Não há nada acima,
nem antes, nem depois.
Nasce de graça,
sem semente.
Não, fraco poeta,
não prenderás em formas
o inefável que sentes.
Já te basta o momento.
Nada acrescentes ao perene.
Desiste da tentação
de definir o amor.

SEGUNDO MEIO-TEMPO:

MOMENTOS DE EXPRESSÃO

EXPRESSÃO (MOMENTOS) INICIAÇÃO AOS PEQUENOS TEMAS

Todos nascemos poetas, mas nem todos desenvolvem a poesia que habita, em germe, dentro de cada um.
Muito menor, ainda, é a faixa dos que conseguem verter o lirismo interior para o mundo exterior em forma de comunicação e chama-se a isso expressão.
E, assim, considero-me, apenas, o homem comum que tantas vezes suspirou, sofreu, sonhou, amou, delirou e contemplou a beleza.
De repente, brota do fundo de minha unidade o ritmo em verbo.
Não fiz versos: joguei no papel visões e emoções, como todo mundo.
Não pensei em passá-las a outros. Até que um dia cedi a esses outros e lhes entrego esses devaneios, essas vivências.
Os temas emergiram do cotidiano e servirão para ilustrar os fundamentos do fenômeno que a todos nos preocupa.
Do Yoga aprendi um estilo de meditação e pus-me desprevenido e entregue diante da flor.
Você já escutou a linguagem da flor?
Se isto lhe parece loucura, não leia o que se segue. Você está encerrado em concreto, prisioneiro do que lhe parece a realidade. O sonho é maior.
O refúgio da criação é o infinito da vida interior.
Não projetei estas linhas.
Não planejei. Elas representam, apenas, a tentativa de traduzir intervalos densos da vida. Brotaram de dentro

Não sei se encontrei sempre a palavra correta para traduzir a minha vibração interior.

Alguns desses instantes se abateram sobre mim e me envolveram.

Não escrevi por encomenda, nem mesmo sei se isto merece chamar-se poesia.

Parece-me ser comunicação em tempo lírico ou em aura de amargura. Estou sempre entre a rosa criada e o verbo incriado, lançado entre o ponto certo e a linha para o indefinido.

Também penso que todos os homens, conscientemente ou não, se encontram nesse mesmo balanço, entre o real e a fantasia, entre a terra e o céu.

Convenci-me, ainda, de que a muitos falta somente a oportunidade de viver o instante poético e desaparecem sem terem podido escrever para alguém sobre o verbo amar.

Creio que não haverá vaga erótica capaz de exterminar da humanidade a tênue flor de delicadeza, de timidez, de doce vacilação que quer dizer coisas suaves, apaixonadas.

E aqui eu volto ao mundo de todos, de todos os homens que a tecnologia não conseguiu endurecer, que os horários não conseguem enquadrar definitivamente.

Comandados, organizados, computadorizados, de repente, eles descobrem uma brecha para dar vazão ao lírico.

Fazem-se *hippies*, olham novamente a flor, afagam o cão ou o gato, divertem-se com o vôo dos pássaros, na tentativa de volta ao princípio, talvez repetindo o gesto de Francisco de Assis.

Os mais sisudos, os mais respeitáveis, confessarão sua "fraqueza" num momento de intimidade.

Quem sabe, às escondidas, quanta gente se envergonha da tentação poética?

Mas é na poesia que o homem vem inteiro, em estado de criação, em saudação ao universo, voltando à ingenuidade primeira, redescobrindo a natureza, reinventando a entrega total.

No fundo de si mesmo, quer render-se, libertando-se do real, áspero, implacável. Ele precisa do ar, do céu, do olhar do seu amor, porque só a poesia transmite a comunicação total.

Poesia que se sente, é fusão, é comunhão.

O traço arquetípico do homem moderno é a tensão. Sua civilização o "enquadra" em inúmeros alvéolos de "obrigações" neurotizantes, sujeitando-o a padrões preestabelecidos pelos agentes da sociedade. Torna-se irônico postular por liberdade, a não ser como grito de desespero contra a estrutura cerceadora.

Quanto à atitude dos jovens que, de boa fé, desejariam derrubar os regimes vigentes para substituí-los pelo apregoado modelo de paraíso marxista, nunca será demais lhes lembrar a trágica armadilha que lhes preparam os arautos de um sistema cuja característica é a não-comunicação, a não-criatividade, a sujeição total do indivíduo à máquina do Estado, do Partido, a absoluta ausência de senso de humor, de poesia, de graça, o tédio da uniformidade, em contraposição à riqueza da comunicação, onde se cultiva a liberdade, mesmo que não seja aquela ideal com a qual sonhamos.

Que tipo de poesia será possível no estado comunista? A que repete as litanias? Mao-Tse-Tung? As louvações ao regime perfeito? Não. Só prospera a poesia escondida. Estas mensagens que aqui transcrevo só podem ter um sentido: o de contribuir para a expressão de alguns sentimentos universais que resistem às concretizações, projeções e planejamentos num mundo onde cada vez é menor o espaço do sonho, onde a máquina programa a atividade do homem, forçado a disputar, todos os dias, mecanicamente, o mesmo trabalho, o mesmo caminho. A agressão, a disputa são constantes nos atos, nos gestos, nas palavras.

Essa música apelidada de protesto, que contesta, fere e ataca, onde fica no reino do lírico? Essa adolescência que desabrocha para a vida já realista e amadurecida, que reserva de sonho tem para o futuro?

Convido o leitor a voltar às coisas simples, à pausa para o encontro, a contemplar o dia ou a circunstância, a ver a terra, a água, a namorar a rosa, a entregar-se ao seu amor. A comunicar-se. Amor de abandono. Amor inteiro, sem retoques e sem garantias. Amor perdido. Sem medo.

A comunicação exacerba o erotismo atual. Mas esse amor físico se consome em si mesmo e se exaure no vazio.

Só é duradoura a comunhão que se firmou no alto, nas superiores regiões do espírito humano.

MÓDULOS DE INDAGAÇÃO

DONDE VEM A FAÍSCA?

Sei que vivo a perguntar,
indagar, duvidar.
Mas por que o saber
não chega ao conhecer?
Por que se sei tudo sobre ti,
não te conheço definitivamente?
Nem tu me conheces.
Posso até prever-te
em teus gestos de carinho
ou desespero.
Adivinho mesmo os teus passos,
teu rumo, tuas voltas
e tuas ansiedades.
Não és meu maior amor?
Amor não é mistura?
Troca de um no outro,
vazão do ser no existir,
mistério de ardores
confundidos no ponto de fusão?
Claro, sei quem és
e posso esperar-te
em silêncio e quietude.
No entanto, nem mesmo a expectativa,
segura de si e do tempo,
previne o choque do
desentendimento,
manchado de feridas vocais,

profundas, amargas, dolorosas.
E me pergunto novamente:
Não nos conhecemos?
Se conhecemos, por que nos surpreendemos?
Sou poeta como toda gente,
normal como todo louco.
Sou como a vida:
nuvens macias que deslizam
no céu plácido
e de repente se carregam de negro
e se arrebentam.
Trovão, trovão, faísca, faísca.
Desabe o céu.
Onde fica seu fim?
Onde fica teu fim?
Onde fica meu fim?

VAGAS DO VIVER

A vida é o vai-e-vem.
Onde fica o presente?
Onde eu estou e te vejo crescente?
Vaga que é, agora, um risco em movimento,
Cresce, cresce e vem para mim.
Aqui se desfaz mas não é o fim.
Vaga que se inicia em tênue sentimento,
Cresce, cresce e me inunda totalmente.
Agora se dilui, mas não morre.
Renasce lá em novo momento
E se refaz aqui em nova composição.
Vai e volta
E eu também,
Mas na volta é outra,
Não mais a mesma.
Leva a minha voz e devolve o verbo.
Há, então, um pequeno silêncio
De total concentração,
Instante de modulação,
Enquanto se recompõem as fontes da vida.
E outra vez se juntam em rumores
E o ser se põe em ondas de existir.

E ali me perco no vai-e-vem
Deixando-me levar pela vida.
O eterno é o presente imóvel.
A vida é revelação em movimento.
Também sou eu que cresço para ti
E somos todos a substância da vaga.
Vai-e-vem...
Um dia, porém,
Vai e não vem.

RESSURGIR

Como pode a relva crescer sobre a areia,
Se a areia é lavada e sem vida?
Como pode a rosa brotar outra vez,
Do galho seco onde a seiva morreu?
Como pode crescer, novamente, o verde
Onde o chão foi crestado pelo calor?
Quando te conheci,
Não te disse com amargura
Que estava vazio
Como o espaço sem ar?
Não te confidenciei com tristeza
Minha definitiva experiência,
Minha derrota e aceitação
Do veredicto de minha vida?
Tu surgias do meu chão como um raio de luz,
Mas eu, tão sábio em desengano
Não ousava te mirar.
Falei-te com pureza
De toda minha perdição,
Das buscas inquietas
E dos encontros incompletos,
Das ânsias indefinidas,
Das identidades perdidas.
Disse-te tanto de minha desilusão,
Já te sentindo em meu coração.
Não,
Eu não te miraria
Para não me confundir.
Não,

Eu sabia
Que não merecia
Reencontrar a vida.
Não,
Eu tinha ouvido
A quantas indagações.
Passara o tempo,
Restaria a eternidade.
E de repente,
Só assim,
Por ímpeto de dentro e de cima,
Meus olhos pousaram nos teus
E dos teus,
A vida voltou para os meus.
Aleluia!

VENTO E A ROSA

Vento cicia,
Vento ronrona,
Vento bronqueia.
Rosa ingênua,
Rosa corada,
Rosa expectante.
Vento cobre a rosa,
Sopra leve entre as pétalas,
Força leve o pistilo.
Vento viril,
Rosa virgem,
Bailam a volúpia do envolvimento.
O vento na rosa,
A rosa no vento,
Se embalam em pertencimento.
O vento é da rosa,
A rosa é do vento.
Na rosa o vento deixa a seiva,
No vento a rosa deixa o aroma.
E da seiva
E do aroma,
Nasce outra flor.

INQUIETUDE, TEU FIM

Agora eu te contemplo,
Boiando em tua epiderme,
Inquieto como tu em teu vai-e-vem,
Absorto em tua imensidão.
No princípio, o espírito pairava acima de ti
E no teu seio também.
Tu és depósito de vida,
Mas, se me abandono a ti,
Destróis minha unidade corpórea.
E minhas moléculas às tuas se juntarão
E misturadas fluirão
Em teus espaços indefinidos.
Se me desfazes em teu movimento,
Por que me atrais com tanto sentimento?
Agora sou eu a vaga,
Perdida, entre tuas ondulações.
Quem te agita?
Quem te excita?
Quem te condena a essa ansiedade?
Também tu buscas, como eu, um descanso,
Quando dizem que estás manso?
Não te temo, quando me ameaças
Com tanta fúria.
Porque, hoje, o Espírito habita em mim
E se tu me tragas,
Meu espírito viverá
E sairá de tuas espumas.
Apesar de tua indiferença
E de tua violência,
Tu me embalas
E eu me largo em ti.
Vou deixar que me leves por aí,
Até que tudo pare na Paz
Que eu procuro
E que será teu fim,
Mar tão grande!

SOLTAS

. . . .
Pétala de carne,
corpo de meu amor.
Flor que vibra,
Gotas de dor.
Sofro porque te quero
mais do que posso
Rosa da minha vida.

. . . .
Quero parar no tempo
para experimentar o eterno

. . . .
Acendeu-se uma luz:
Vivi.
E despertei em outra luz:
Viverei eternamente.

. . . .
Tu estarás sempre comigo,
além do tempo
que perene é o amor.

. . . .
Quem preside o encontro
dos que se amam
senão aquele que é o princípio
e o fim
porque apenas é?
. . . .

PAZ QUE TU E EU BUSCAMOS

SOLTAS

. . . .
Porque me espreita
aquela ingênua flor do chão,
saltando do tapete verde?
Fala-me do simples e do puro,
dá-me um pouco de alegria.

. . . .
Cada um de nós
é apenas um momento
do ato da criação.
Névoa do paraíso
cheia de contradição,
em busca da fonte,
a caminho da fusão.

. . . .
Que vontade tenho de chorar,
mas homem não chora.
Por que, se chorar pode ser
um jeito de desabrochar?
Chorar de alegria
Por não saber onde estou.
Quem sabe de onde eu parti?
Só sei onde cheguei.

Lágrima de amor
não é lágrima de dor.
Chorar de viver
e não chorar de morrer.

PAZ TAMBÉM

Tu procuras, eu também.
Tu esperas, eu também.
Tu desejas, eu também.
Há tanto tumulto em torno de nós.
O ritmo sobe alucinado
e vêm vagas violentas.
Parecem rir e chorar
em vozes fantásticas de matar.
Bebem o líquido da tontura,
devoram o pão da loucura.
Suas almas estão aprisionadas
nas carcassas rodopiantes da carne.
E cresce o rumor assustador
e ascende o fulgor abrasador
no crepitar da ilusão delirante.
As máscaras ridentes
escondem a face dolorosa.
Fora é tudo agitação.
Dentro é desolação.
Corro em busca do silêncio,
tu também.
Não quero mais o movimento,
tu também.
Desejo a tua paz
para mim também.

RETORNO

Íamos juntos o nosso caminho:
Quantos passos demos?
Havia pedras e tropeços muitos.
Caí, descaí, decaí.
E depois andávamos outra vez.
Agora bateu a sombra sobre o nosso chão.

Olhei em volta e não achei a tua mão.
Afundei-me na névoa e desapareci em mim mesmo.
Do outro lado me acenava a vida.
Já não estamos de mãos dadas
E me encontro em outras veredas.
Meus passos se aceleram rumo ao desconhecido.
Mergulho, mais ainda, na densa obscuridade
Onde habita a embriaguez.
Estou perdido em meio a eflúvios,
Sou eu mesmo ou é outro? É outra?
Quem é que se encontra dentro desse tumulto?
Onde está a luz do meu caminho?
Ah! Mas eu me atiro com volúpia,
E me entrego com ardência
E me abandono, me abandono até o fim.
Não, não há fim.
É o meu chão que se movimenta, não sou eu.
Eu mesmo sou o caminho, mas não sou a verdade.
E o outro? E a outra?
Quero demais:
A loucura e a paz.
E me deixo levar pelas vagas da vida.
Onde está a tua mão?

ADEUS

Não adianta pensares em amanhã comigo.
Fui para ti apenas o presente
Enquanto tu para mim foste uma vida.
Guarda em teu seio o meu mistério
Que eu te tenho em forma imperecível.
Nós somos o cruzamento de muitas contradições.
Consomem-se em si mesmas as maiores realizações.
Suspende o tempo,
Se a tanto chega o teu poder,
Porque não há depois
Para quem fruiu todo o prazer.
Cerra o véu
Que deu entrada ao paraíso.
Não tentes passar do etéreo ao temporal.
Adeus.

BEM-AVENTURADOS OS QUE NÃO DESEJAM

Cresce o desejo dentro de mim
E eu o deixo ir e voltar
Como vagas do mar.
Elas vêm vindo, grandes, de longe,
Espumando-se devagar,
Lambendo as pontas do meu corpo
Que minha alma espreita.
Aos poucos me invade a sedução,
Mas meu espírito vela
A íntima contradição.
Eu busco, eu quero, eu anseio,
Me entrego sem receio,
Mas tu foges, é vaga,
Como o amor
E quando tu retornas, mais forte,
Ainda não és total.
Percebo, agora, claramente:
Só te terei deixando de querer.
Vou mergulhar no indefinido,
Vou render-me ao intemporal,
Para que cesse o desejo
E fique, apenas, a bem-aventurança
De não possuir.

O RESTANTE

Aquele que me deu o máximo
não me negará o restante.
O máximo era tão distante
que eu julguei inatingível.
O restante é algo indefinível
que ainda me falta.
Não é bem material
nem coisa possuível
o que eu espero.
Busco o justo
no meio dos anseios.
Quero a cura de feridas muito sentidas

de culpas não sabidas.
Não quero a bravura inútil
nem a glória evanescente.
Fujo da exaltação
e do conflito.
Desejo ao próximo
o máximo que eu já tenho
e que ele encontre a alegria.
Sei que o restante virá
nas vagas dos dias subseqüentes.

GRAÇAS TE DOU

Senhor, eu te agradeço
este momento de tanta luz.
Sei que não mereço,
mas Tu me conduziste até aqui
através de tamanhas amarguras
que não me encontro preparado.
Perdoa, Senhor, que te diga assim,
para abrir os olhos outra vez.
Tua mão cai sobre mim,
agora tão leve e tão mansa,
para me tirar do fundo
da incerteza e da sombra.
E me levas ao outro lado do túnel,
onde há vida e amor.
Compreende minha incapacidade,
espera minha adaptação,
que eu já perdera a sensação
de simplesmente ser feliz.
Senhor, obrigado
por este estado de perdição
no meio desta visão.
Tudo em mim vibra
no ritmo da ascensão.
Subo além de mim,
de mãos dadas e em comunhão
com o anjo e com a graça
em forma de gente.
Por que nós dois andamos tão longe

e choramos tanto
até este encontro?
Não tentarei decifrar
os teus desígnios.
Por que indagar
se agora sou feliz?
Valeu, Senhor, valeu sofrer
para chegar até aqui.

QUE CAMINHO?

Senhor, dizei o que fazer agora?
Daqui de dentro, espreito este raio de luz
Que vem direto ao meu coração.
Entrego-me a ele para que me inunde
E me aponte a direção.
Já sei o que desejo, mas quero o caminho.
Abre o véu que agora encobre esse destino.
Junta minha mão à do anjo
Que sem ele não sei mais caminhar.
É com ele que eu quero ir para onde estás.
Revela-Te, descobre-Te,
Mostra Tua face.
Não foste Tu que o mandaste a mim
Quando eu já não tinha esperança,
Quando já encerrara o capítulo do conviver?
Se Tu o reabriste, completa-o agora.
Quero ficar com ele,
Viver com ele,
Sentir com ele,
Sofrer com ele,
Vibrar com ele
Descerro o meu peito a Ti
Que me guiaste até aqui.
Eu que já descrera,
Agora volto a um passado
Que eu havia enterrado.
Senhor, meu amor,
Junta-me ao meu amor!

PECADO E PERDÃO

Pequei contra ti
Pecaste contra mim,
Enquanto vagávamos na alva solidão
De nossas consciências.
Íamos juntos pela areia branca,
Vazia e livre até o horizonte.
Tu me feriste
Eu te feri
E na brancura
Fez-se a loucura:
Nosso sangue manchava o chão
E na solidão
Fez-se o som:
Nossos ais quebraram o silêncio
Mas nossos passos prosseguiram
E deixavam sulcos na fofa brancura
Dos espaços sem fim
De nossos mundos interiores.
Naquela solitude santa
Ecoou a gota
De nossa dor.
Magoei o amor,
Magoaste o amor.
Pra frente nos tocava o ímpeto de viver.
Pra trás ficou a marca rubra
No caminho do tempo
E sobre ele soprou a brisa do esquecimento.
Ficou a lembrança.
Lá se vai o eco:
Leva o nosso perdão.

CIRCUNSTÂNCIA: DO BARRO, DO CONCRETO, DA SUBSTÂNCIA

A COBERTURA DO SINAL AZUL

Do sono em passeios indefinidos,
Mas em abandono de muito dormir,
Despertei, esta manhã, como criança,
Tranqüilo, bem disposto e agradecido.
Abri os olhos como manda a natureza
E me vi entregue à total beleza.
Acima e à frente descia sobre o meu corpo
E banhava meu espírito, muito leve,
Uma abundância envolvente de azul celeste.
Acordei no éter terrestre,
Gozando o estado de libertação,
Solto e esvoaçante no topo deste concreto.
Estou alado,
Desapertado,
Embalado,
Comunicado,
Transeado
Com este silêncio azul
da "cobertura" de meu irmão.
Glória aos juntadores de cimento e areia
Que erguem moradas tão perto do céu!
Daqui estendo minha mão para o infinito
E, hoje, nesta matinata de limpo anil,
Colho ar sem angústia e sem poluição.
Lá embaixo, amor,
Os volantes do asfalto,

No ímpeto do ganha-pão,
Disputam em octanas
A chegada ao sinal vermelho.
Nesta branca altura
Sou todo abertura,
Dou passagem para quem quiser,
Porque, aqui, meu sinal é só azul.

VOLTA AO BARRO

Estou só com a terra irmã.
Todas as árvores me espreitam
e me acolhem.
O barro me atrai
e me lembra nossa comunhão.
Sinto o espírito presente,
o que é e está em tudo.
Agora eu me abandono
ao estranho fervilhar de luz.
A natureza sobe para o princípio
e eu começo a ficar leve.
A vida anima tudo
e a mim também.
De repente, e muito rápido,
já passou.
Pressenti a vida que há de vir
e que não terá fim.
Eu continuo ali,
raízes no chão,
perto da grande fusão.
E meus amores voltam
para ficar.
Todos juntos caminhamos
para além do além,
enquanto o espírito vivifica todas as coisas.
Adeus às ervas,
adeus ao barro e aos troncos,
adeus à água e à vibração,
até que sejamos,
um contigo.

AMÉM

Embevecido, enrolado, enovelado,
Me deixo levar nesta onda:
Vai... Vai...
Vou embora
Suspenso, envolvido, arrebatado
Na densa névoa
Cheia de vibração.
Meus átomos mergulham no som:
Om... Om...
Desligo a circunstância,
Entro na substância,
Reduzo-me no centro,
Vivendo o movimento,
Sem ruído,
Sem tremor,
Com sentido,
Com amor,
Em silêncio musical
De vivência total:
Assim é,
Assim seja.

DIÁLOGO: VERBO NO VERBO, LUZ NA LUZ

UM SÓ

Diálogo é graça
e mistério ainda,
enquanto é tempo
de estar aqui.
O diálogo é fusão
do ser no ser.
Não é composição
que há de entreter.
O mistério és tu
ou serei eu.
Tu ou eu,
um tem a chave.
Ou é dom
ou é querer
que míngua
a ti ou a mim
e não se consuma
o transe da aliança
que faz do eu e do tu
um só.
Não te encontras em culpa
nem careço de perdão.
Nem tu nem eu
que não basta ter tensão.
Diálogo é imersão
de um no outro,

dando à luz
um só.
Se a chave de teu santuário
abre as vias do meu mistério
as águas da graça se misturarão
e juntas escorrerão
até a fusão total
do êxtase final
além do tempo.

NINGUÉM É DE NINGUÉM

Não me chames de teu
que não sou objeto.
No amor ninguém é de ninguém
porque eu e tu fazemos um
além da posse,
além da troca
do meu e do teu.
Não peses em balança
o que é etéreo.
Também não te chamarei minha
que tu és impossuível.
Não te prenderei em minhas mãos
nem te selarei com escrituras.
Se há amor entre mim e ti,
meu eu se conjuga em teu tu.
Um está no outro
como a luz na luz
em estado de graça
e de liberdade.
Ninguém possui ninguém,
mas alguém é mais alguém
com alguém em amor.
Tu e eu somos sempre sujeitos do verbo
cujo objeto é o infinito.
Quando tu cantas
eu canto também.
Quando tu choras,
eu choro também.

Quando eu morrer,
não importa,
que este verbo se conjuga para sempre.

ANSEIO

Eu não sou flor de estufa.
Minha alma é álacre
como as flores dos campos.
Não quero o sombrio,
mas, apenas, a sombra
que é repouso da luz.
Eu quero o vento e não o vendaval.
E tu, quero-te solta e livre,
descarregada e leve.
Foge do lúgubre e do soturno,
onde se escondem as más surpresas.
Anda pelo caminho aberto,
banhado de sol ou de lua.
Vai tranqüila e deixa que
a pétala da rosa
caia sobre a tua cabeça.
Larguemo-nos os dois
às vias do infinito,
onde só habita
o mistério do amor.
O espírito puro é alado e fundido
na luz original.

TRANS-FUSÃO

Vejo-te diante de mim
e te contemplo
e me concentro em ti,
como se tu viesses para mim
e eu fosse para ti,
como se eu te absorvesse
em meu ser.
És simultaneamente

imagem e realidade,
desejada e sentida,
visão e amor.
Vivo totalmente,
indefinidamente,
sem medida,
imponderável no espaço tênue
do lirismo.
Que palavra banal
descreveria meu estado?
Estou suspenso acima de mim mesmo,
onde te encontras aureolada.
Pairo entre pulsações
como ao nascer cósmico.
Sou uma parte da vida eterna
que se gera em si mesma
na fusão da minha imagem
com tua imagem.
Se desejei algo inacessível,
agora o tenho em mim.
Se suspirei pelo infinito,
agora estou nele.
Tu e eu
na mesma unidade do amor.

UM SÓ OLHAR

Olhos meus,
olhos de outros,
tantos olhos no meio da gente,
tanta gente,
que olhares.
Em alguns pousavam os meus
e com outros cruzavam
em velozes encontros
carregados de rápidas mensagens.
Pareciam fazer perguntas
ou perdidas indagações.
E quantas vezes
no meio da agitação cotidiana

colhi uma luz de vida
de um olhar de amor instantâneo.
Eu olhava em volta
e para dentro
dos transeuntes apressados.
Como seria o nome daqueles olhos azuis?
Azul encravado
em mel queimado
de loura-morena.
E aqueles grandes, abertos,
com a vigia preta inquieta?
Negros dentro da miragem branca.
E eu continuava a caminhar
por entre tantos olhares
indiferentes ou interessados,
álacres ou sombrios.
Pressa tinha nos passos
e esperança no olhar,
na ânsia de me fixar.
Um dia, meus olhos
se abriram nos teus.
E os teus se derramaram nos meus.
Já não corro só na multidão
olhando em torno do vazio.
Meus olhos estão banhados
da luz dos teus.
Os que passam
também não mais procuram os meus
porque neles vêem os teus.
Sempre juntos,
só nos olhamos
em nossos olhos,
nas trocas de luz e calor.
Perdoem-me
se não tenho olhos para mais ninguém.

EM TUAS MÃOS

Quando pensei que já não havia luz,
Quando me entreguei ao meu descaminho,

Em névoa, em embalo,
Agarrado à minha cruz,
Só com muitas solidões,
Em meio a multidões,
Quando andava por aí de mãos soltas
E já não via onde pousar o passo,
Quando julguei encerrado o portal
Do claustro de minha habitação
E já havia cessado toda oração
De pedir, de suplicar, de desejar,
E tinha aceito o pacto de existir,
Sem consumar, o mistério da paixão,
E havia dobrado sobre mim
A sombra de minhas ilusões
E já descansara o pano forte da cortina
Sobre o palco das fantasias do amor
E silenciara as vozes muito doces
Dos céus prometidos e dos sonhos vividos,
Quando eu baixara os olhos
Para o chão real, veemente e concreto,
E do discurso só queria o falar direto,
Fruída toda sensação,
Encerrada toda experimentação
E afinal aceito o veredicto
do ser e do não-ser,
Sem penetrar, sem entender,
Do ponto último e pesado,
Estigma do meu viver,
De possuir e perder,
Para não mais buscar,
Quando me compus com essa vocação,
Tu jorraste de meu chão
E me estendeste tua mão.
Vieste inteira de fé,
Oferta da graça da compreensão,
Batendo luz em toda direção.
És a total doação
Em que renasce minha vida.
Não tens reserva, não tens limitação.
Estás inteira de amor também.
Senhor, fez-se a luz.

ESSE TEU JEITO

Se fosse ainda nos teus quinze anos...
Por que estás toda embevecida
E te pões aberta para a vida,
Se não és adolescente?

Tens um jeito imprevidente
De quem não cuida do futuro.
Teu, totalmente teu é o presente
Que tu consomes com sofreguidão.
Mas tens razão:
Que é o tempo se não a sucessão
Dos instantes que se vão?

Agarra, ama este momento
Que é todo teu.
Segura-o firme que encontrarás tranqüila,
Do outro lado, a minha mão.

VIDA TÃO PEQUENA

Eu queria coisas tão pequenas:
contemplar o dia, o momento sem glória,
estar à toa em eloqüência,
ser poeta sem escritura,
olhar a vida sem amargura,
ficar a teu lado sem defesa
em abandono e comunhão,
sem desejo de grandeza,
sem busca de ascensão.
Rir de meus fracassos,
chorar minhas sagrações.
Andar por aí de mãos dadas
sem sapiência e sem sanções,
livre e confidente
como um adolescente.
Eu não queria ser contigo
tão maduro e refletido,
tão seguro e preparado,

tão sereno e comprometido.
Eu queria ser eu mesmo,
ardente e desprevenido,
gozando a poesia
do inesperado.
Eu queria a surpresa
sem dimensão.
Eu não queria medidas,
nem prestações.
Queria dação
sem gravação.
Não somes nem diminuas
que aqui não se conta.
Eu queria coisas tão pequenas
quanto a própria vida.

ÚLTIMA DO POETA CRENTE OU EPITÁFIO DO OTIMISTA:

Morri
Festejai,
que um créu[6]
está a caminho do céu.
Perdoai,
se é tanta a confiança.
Maior foi sempre a esperança.

[6] Mesmo no Dicionário Aurélio só consta a palavra *incréu* como forma contrata de incrédulo. Não há antítese sem tese. Logo, há *créu*. E eu sou um deles.

O "MARKETING" DO SENTIMENTO

A gente de hoje leva a vantagem de saber que é gente através da rede de identificação montada pela TV e pelo sentimento de participação no mercado daí procedente.

Fala-se hoje de *marketing* a propósito de tudo. Entende-se *marketing* como todo o processo de mercadejar, tornar a coisa consumível, desejável, comprável, achável. Para satisfação da massa; para a grande curtição. Aí se incluem tanto os produtos da natureza ou da máquina, quanto as imponderáveis vibrações do ser humano. O mercado está presente na vida do homem, desde que ele tentou trocar alguma coisa por outra coisa. O notável da atualidade é a abrangência do conceito de mercado. Consumimos tudo, até emoções. A novidade reside nas grandezas dos universos, fantasticamente ampliados pela maravilhosa rede de comunicação que se formou com a tecnologia da transmissão simultânea de imagem e som e a distribuição de receptores de TV a todas as camadas da população. Certos "piques" na programação de TV representam instantes de imensos uníssonos na alma do povo. Ali, naquele momento do gol decisivo, da notícia traumatizante ou da expectativa de ação do personagem na doçura do amor iniciado ou no amargor do amor acabado, milhões vivem o mesmo transe. Porque a televisão copia a vida. E quando os artistas encarnam a mais total e profunda realidade humana, as pessoas se sentem partes umas das outras, rindo, chorando, reprovando, aplaudindo em coro, embora cada qual no recesso de sua casa. Suspensas ante o vídeo, as pessoas se refletem, se encontram, transvazam suas reações. Através da televisão consumam-se todas as transações psicológicas, sentimentais, morais. E promovem-se novas atitudes, generalizam-se comportamentos.

A televisão se alimenta de todos os componentes da realidade humana e ao mesmo tempo fomenta o sistema no mais fabuloso *marketing* de gostos, alegrias, esperanças, emoções, enfim. O que a teoria não chega a esclarecer, o mercado da comunicação faz sentir.

Comunicação humana é mais sentimento do que fraseado. Mas é falando com os outros e os outros comigo que eu sei que sou. A TV, multiplicando imensamente esse diálogo, aumenta a dimensão de *ser gente*.

PRORROGAÇÃO:

PROPOSTAS PRÁTICAS NO CAMPO DA COMUNICAÇÃO

"A teoria da Informação se apresenta como uma grande teoria científica, visando a assimilar numa síntese integradora um enorme número de fatos e de leis particulares, alguns de uma evidência beirando a banalidade, ao lado de outros inteiramente novos no nivelamento de valores que caracteriza as teorias científicas."

(Abraham Moles, em *Teoria da Informação e da Percepção Estética.*)

A FOFOCA OU O MECANISMO DA CONVERSA E A VERDADE DE CADA UM

Desejo que o leitor me acompanhe nas reflexões sobre o modo como as pessoas de todas as classes sociais costumam conversar particularmente, ou melhor, quando se reúnem, mais de duas, em torno de assuntos correntes, mais próximos do interesse de cada um.

Trato aqui dos encontros casuais, das rodas de conversa, das estiradas femininas ao telefone, dos mexericos em reuniões.

Evidentemente, não excluo temas que parecem encontrar-se em zonas mais distantes dessas frivolidades. Devo esclarecer que o objeto de minha preocupação não pode confundir-se, integralmente, com o *gossip* inglês, traduzido por mexerico e fofoca por alguns.

A teoria do *gossip*, elaborada pelo Prof. Ralph L. Rosnow *(Rumor and Gossips, The Social Psychology of Hearsay)*, abrange campo bem mais vasto que é o de toda a análise da formação de boatos, do diz-que-diz, do rumor, base da agitação política, fortemente reprimida mas nunca definitivamente sufocada pelos regimes totalitários.

Quero ater-me à matriz de toda essa fenomenologia psicossocial que abriga em seu próprio bojo a essência mesma da convivência social. Parece-me adequado atribuir à chamada fofoca a natureza de curioso mecanismo de trocas de exteriorizações. Cada participante lança, sem qualquer elaboração, seus próprios julgamentos, os quais, para certos interlocutores, se carregam de forte acento afirmativo, enquanto para outros vão se alterando de acordo com o nível e as características dos parceiros. Caracteriza-se o jogo verbal.

Nesse sistema todo pontilhado de dúvidas, indagações (— Quem diria? — Verdade? — Hiii! — Até ele? — Não me conte!), realiza-se o movimento da fala, pendular e contínuo, que, necessariamente, não conduza ao acordo entre os presentes.

No entanto, em muitos casos, esse intercâmbio estranho gera afirmações ou conceitos que passam a circular como verdades até mesmo históricas, embora não repousem sobre a realidade dos fatos.

Assim, episódios que entraram para a história do país, encontram-se inteiramente deformados por se terem originado no passar de boca-em-boca.

Também, não raro, acontece fato semelhante em torno da reputação de pessoas, que passam a vida a desfazer uma falsa imagem.

A fofoca, em meu entender, integra o sistema natural da mente humana. Corresponde a uma necessidade quase compulsiva do ser social, cuja conversação não se regula por memória de computadores, mas pela visão que cada um tem, alterada a todo instante, dos casos, dos seres, dos acontecimentos.

Quando alguém bate papo com outro, normalmente manipula as palavras de seu próprio repertório com os significados e conotações de sua experiência pessoal, os quais podem ser enriquecidos com as correções e acréscimos dos outros, mas também podem ser mutilados, perturbados, envenenados.

A mais simples descrição de fato, a mais banal referência, vem sempre colorida com as nuanças retiradas dos depósitos mentais de quem as profere. Essa é a primeira lei da fofoca. Cada um fala como pode, quer em termos de domínio de vocabulário, quer em termos de experiência ou tendências psicológicas.

A segunda lei, eu a chamaria de ambiental: compõe-se de elementos como a confiança nos interlocutores, a temperatura do momento e o estado de espírito dominante. Além da vivência como fonte de opinião, o ambiente determina o grau de liberdade de exteriorização, a intensidade, o tom, o calor ou a frieza, que serão jogados contra as respostas e interferências do grupo.

Pode começar pelo blablablá e ir formando-se através de interposições complementares e do "esticamento" de proposições anteriores.

Quem não se lembra, agora, dessas conversas que se iniciam com os comezinhos cumprimentos, indagações sobre saúde e logo descambam para os cochichos sobre o procedimento do fulano, sempre recheadas de espantos, lamentações, condenações, etc.? Na verdade, a conversação não exige atitudes de definição ou pronunciamentos profundos e definitivos. Admito como regra certo nível de imprudência que pode ser corrigido a seguir no decorrer da conversação ou em outro encontro.

A fofoca não é um depoimento, é muito mais a explosão do interior, e a implosão da fala (efeito dentro do próprio sujeito). E esta é outra de suas leis.

Embora a fala represente o mecanismo psicofisiológico que permite ao homem realizar o dom da palavra, distinguindo-o geneticamente de todos os demais seres criados e, assim, deva ela constituir tão-somente o instrumento para a consumação desse dote extraordinário, o excesso de seu uso transforma-a em mecanismo automático, dotado de certa propulsão própria, capaz de movimentar-se por si mesmo, criando delírios verbais, não só em sonhos sem nexo ou vínculo com a coerência, mas até nesses exóticos solilóquios. Falar sozinho não é uma compulsão? (Repare quando alguém vai pela rua a falar, às vezes animadamente, em grotesco espetáculo.) As pessoas que monologam evidenciam esse paroxismo da fala. Mas essa compulsão inconseqüente se encontra também nos bate-papos.

Convém não esquecer que o dom da fala comporta a existência de inúmeras e as mais diferentes línguas.

A fofoca acontece dentre qualquer uma delas.

Também aqui vale assinalar a distinção quanto à manipulação de símbolos de que os animais inferiores são capazes. Na fala humana há uma diferença qualitativa que foge à padronização restrita a que estão sujeitos os outros animais e caracteriza este sistema biológico de comunicação.

A fala surge, pois, como o próprio fato social, superando sua função instrumental. E desse privilégio de falar, o fenômeno mais natural no relacionamento humano é este que aqui analisamos: a conversação despreocupada, desenvolvida em mexerico, composta de meias informações, de projeções pessoais, de certas deformações, de imprecisões, enfim.

Ambíguo, incompleto, não intencional, indulgente ou maldoso, o falatório vai julgando acontecimentos, pessoas, teorias, atitudes, gestos, tendências, tudo o que passa pela cabeça do homem, às vezes desembocando em verdadeiras ficções.

Não interessa ao meu ângulo analisar se a gente é impulsionada por uma perversidade inata ou por monstrinhos do inconsciente profundo.

Estou admitindo que certas pessoas usam tal tipo de conversação para despejar seus venenos contra outros, são as chamadas línguas ferinas. Dir-se-ia que o ser humano se satisfaz em aquecer o universo das palavras. Sua versão transforma-se em seu sentimento. E existe algo mais íntimo e pessoal do que essa reação de cada um? A malícia sutil alterna com a insinuação mordaz e o sujeito tropeça em suas próprias invenções mentais e orais. De boca-em-boca constrói-se a corrente da fofoca, que sempre existiu e existirá, enquanto os homens conversarem entre si. A fofoca se dilui na convivência social criando arquétipos, meio e mensagem, na mais fina aplicação da tese de MacLuhan. Fantasia e fato se misturam. O cotidiano tem sabor de novela. Essa conversa de "comadres" é pecado de todos nós. Nela os participantes se sentem descomprometidos e daí mais uma de suas leis: o grau de irresponsabilidade de cada membro do grupo, mesmo tratando-se da reputação de terceiros. Essa leviandade se acentua de tal forma que se lhe atribui caráter de fraqueza feminina.

A linguagem da fofoca determina também o nível social a que pertencem os participantes e, conforme menciona Rosnow, serve de fonte para alimento da própria mídia que explora, convenientemente, toda a origem dos boatos: "Onde há fumaça há fogo", repete-se.

Encarada não dentro da limitação de mexerico, intriga, bisbilhotice (seg. o Dicionário Aurélio), mas no espectro mais amplo de língua solta do comentário a coisa comum da reação critica aos atos políticos e muito mais às intenções dos governantes, constitui a fofoca a volumosa massa do falar entre as pessoas nos contatos fortuitos, nos agrupamentos descontraídos, nas observações dentro da família. Dessa massa retira a imprensa atual grande parte de seu alimento, particularmente o rádio, que dispõe de muito mais espaço, para acolher esse vaivém, excitá-lo com participações e, assim, conquistar audiência.

No seio da fofoca em massa nascem e prosperam os estereótipos, as idéias feitas (e tão difíceis de modificar) sobre nacionalidades, sobre tipos e regiões e sobre os indivíduos em evidência. É aí que se constrói ou se destrói a imagem de pessoas — políticos, administradores — ou sistemas.

Inevitavelmente, a fofoca reflete o nível de educação do povo, suas crendices, suas raízes étnicas, suas tradições. Contra o mecanismo da fofoca a censura só pode conseguir que baixe o tom de voz. A fofoca, esclareço, tem vida própria, sustenta a convivência dos pequenos grupos. Defeito ou não do ser humano, pertence a sua condição natural. Só o indivíduo treinado em elevada virtude de autocontrole conseguirá evitar essa participação. O comum da humanidade transita pela fofoca, como cenário para cada personagem apresentar a sua verdade e participar do permanente espetáculo da comunicação humana.

A FANTASIA DOMESTICADA OU DA CRIATIVIDADE NA COMUNICAÇÃO PROGRAMADA

Logo no capítulo primeiro de *D. Quixote de la Mancha*, aquele que trata da condição e exercício do famoso fidalgo, cujos excessos na leitura de livros de cavalaria o levariam a construir seu mundo de bravatas e delírios românticos, o genial Miguel de Cervantes Saavedra fala dessa mistura de realidade e sonho.

As andanças e aventuras, as porfias e grandiloqüências de D. Quixote só chegaram a tanta notoriedade e celebração após sua morte e até hoje porque espelham fiel, deliciosa e incomparavelmente os devaneios do espírito humano e sua capacidade de colocar a serviço doméstico o reino interior da criatividade, onde residem o "essencial, eterno e imutável da natureza humana e do universo" (do prefácio de Federico de Orins à tradução ditada).

"Encheu-se-lhe a fantasia", diz Cervantes, "de tudo que achava nos livros, assim de encantamentos, como potências, batalhas, desafios, feridas, requebros, amores, tormentos, disparates impossíveis. E assentou-se-lhe de tal modo na imaginação ser verdade toda aquela máquina de sonhadas invenções que lia, que, para ele, não havia história mais certa no mundo."

Ao transcrever as linhas acima, na tradução de Antônio Feliciano Castilho (Editora W.M. Jackson Inc., Rio), com elas se emparelha em minha lembrança, pela associação com este tema e por seu tom picaresco, velha trovinha publicitária, que, em minha infância, era obrigado a ler num dos espaços dentro do bonde (explorados pela então próspera Companhia de Anúncios em Bondes):

"Veja, ilustre passageiro,
o belo tipo e faceiro
que o senhor tem a seu lado.
E, entretanto, acredite:
quase morreu de bronquite,
salvou-o o Rum Creosotado."

E aqui vai se armando o paralelismo que pretendo pesquisar, entre o *ato* de criar para satisfazer à fantasia e o de domar os corcéis da imaginação para atender a objetivos programados; entre o que pretendemos *ser* a realidade, solo onde germinam os produtos de muitos sonhos e o cultivo da arte de sonhar com o objetivo de fecundar a terra dos produtores. Em outras palavras: quando insistimos numa linha a separar o sonho da realidade, que limite será esse, se utilizamos a fantasia para construir o mundo real? A imaginação é a mesma, freqüentemente muito vizinha da loucura, mas é nela que até os chamados cientistas puros vão buscar recursos para renovar suas possibilidades. A "Louca da Casa", na inesquecível expressão de Paul Claudel, recebe hoje novo apelido, para atualizar-se, segundo a tendência da linguagem. Chama-se agora criatividade. E com esse implante vocabular — um simples sufixo de ação — ressurge, muito ao jeito do engenhoso D. Quixote, valorizada.

A doida imaginação vestiu-se da categoria do termo como o Senhor Quesada se transformou em D. Quixote. Mas os dois se confundem, tal qual Cervantes e seu cavaleiro andante. "Somos um só", dirá o escritor ao encerrar seu livro de aventuras.

Neste ponto encontram-se as figuras deste capítulo: a *criatividade*, a *comunicação* e o *método* que as ordena para fins programados, todos podendo identificar-se, à vontade, nos lances do celebrado conceito de criatividade.

A criatividade pode conceber-se, em termos de definição, como processo de excitar as matrizes da fantasia, a fim de produzirem combinações de signos gráficos, sonoros ou cinéticos, de gestos ou movimentos, de imagem ou associações, capazes de gerar reações previamente desejadas.

Depreende-se que estabeleço distinção entre criação e criatividade. A primeira refere-se ao ato em si, impropriamente chamado de criador (que consistiria em fazer nascer do nada), de extrair de elementos diversos combinações novas.

Em nosso caso, a mente joga com idéias, e palavras, com tanto maior resultado quanto mais preciso for o conhecimento dos sinais e de seus sentidos e mais viva a fantasia do sujeito. Já a *criatividade* — vocábulo de recente incorporação ao linguajar corrente — exprime o sentido de *ativação* da capacidade natural.

A aceitação do termo como forma de extensão do outro provém de fenômeno social anterior, que engendrou sua necessidade, a fim de poder designar esta atitude nova da sociedade industrial (o consumismo): a de colocar a fantasia a serviço da produção de novas coisas, sempre re-criadas para alimentar o insaciável processo de estímulo ao consumo.

Assim se inicia o ciclo de domesticação da fantasia que, segundo Freud, detém superior grau de liberdade.

Teríamos aqui uma contradição aparente. No entanto, o processo da criatividade explora as próprias leis da fantasiação (*das Phantasieren*, segundo a citação de Herbert Marcuse, em *Eros e Civilização*), dirigindo suas energias livres, "ligando as mais profundas camadas do inconsciente aos mais elevados produtos da consciência (arte); o sonho com a realidade" (*ibidem*, pág. 132), misturando cores para conseguir impulsos, palavras e imagens para induzir a hábitos ou provocar emoções.

"A fantasia", cito ainda Marcuse na mesma obra, "como processo mental separado nasce e, simultaneamente, é abandonada pela organização do ego do prazer, no ego da realidade. A razão prevalece: torna-se desagradável, mas útil e correta; a fantasia permanece agradável, mas torna-se inútil, inverídica — um mero jogo, divagação. Como tal, continua falando a linguagem do princípio do prazer, da liberdade de repressão, de desejo e gratificação desinibidos — mas a realidade procede de acordo com as leis da razão, não mais vinculada à linguagem do sonho."

À parte o tom radical, Marcuse acentua nesse pedaço os principais elementos de que se vale continuamente o comunicador. Na criatividade, conforme a encaramos, o ego do prazer é absorvido pelo sistema, de modo a produzir um automatismo inconsciente. Se não, como se explicaria o enorme consumo de cigarro? Não estão todos suficientemente alertados para os perigos do fumo contra a saúde? As peças de comunicação produzidas para as mil marcas de fumos disputam as sugestões de gozo: fumaça e eros se mesclam para excitar o estranho consumo, além da razão, transformando em hábito invencível. Paradoxalmente, na medida em que o grave aviso dos riscos à saúde não subjuga o impulso do sensualismo tragado e expulso nas evoluções do fumo, harmonizam-se, nesse momento, o "eterno protesto contra a organização da vida" e o uso descontrolado da liberdade que leva à sujeição do indivíduo ao vício tiranizante. Nem sempre, contudo, a "fantasiação" para metas conscientizadas pelo produtor carrega essa mancha de desagradável e inútil, a não ser que nos filiemos à corrente que execra todo o sistema da sociedade industrial, radicalismo improfícuo e sem conteúdo racional e científico.

A razão no processo criativo se revela pelo método, pela organização, em busca de objetivo prefixado. A *comunicação* movimenta todo o universo das imagens, todos os sistemas de signos, para conquistar uma resposta. O produtor da comunicação, profissional de publicidade, recorre a sua experiência de fantasiar para *suscitar estados de espírito,* impulsões, satisfações ou, em outras palavras, para "criar" ambientes de predisposição, estimular consumo, fomentar aprovação.

O MÉTODO EXPLORATÓRIO

Tal *método* — assinalemos — por mais acurado que se encontre em seu exercício, não supre o talento natural. O autor do *Discurso do Método*, Descartes, já advertia contra a exagerada expectativa da eficácia do método que, por si só, não oferece meios para encontrar as grandes e fecundas idéias.

O método permite, de certa forma, captar a fantasia do espírito criador, como o sistema laser consegue alinhar os elétrons da luz. Sem o ingrediente fundamental não funciona a fórmula.

Quero prevenir-me contra aqueles aos quais repugna, apesar de sua boa fé, qualquer utilização de método para explorar a fantasia e que, romanticamente, alienados da realidade, combatem tal programação. Essa "redução da imaginação à escravidão", a que se refere André Breton (*Les Manifestes du Surréalisme*, citado por Marcuse), também me angustiaria se, simultaneamente, viesse a extinguir a criação pela pura fantasia ou a liberdade de fantasiar. Felizmente, o exercício da imaginação criadora, mesmo para fins pragmáticos como o da comunicação em massa, não estiola sua energia. Tal idealismo ético só conduz à utopia.

O homem vive sempre as confrontações do sonho com a realidade, ao mesmo tempo em que enfeita o dia-a-dia com devaneios do sonho. Esse é o seu princípio de contradição e ao mesmo tempo seu misterioso privilégio. Não é assim que o civilizado se alimenta? Sua mesa não se compõe de alguns elementos nutritivos e muito mais de *decor*? E poderia ser diferente?

A criatividade para a comunicação programada, isto é, aquela que visa o objetivo prefixado, consiste na ordenação da faculdade de fantasiar através do hábil domínio das linguagens com o propósito de engendrar situações preconcebidas.

Ativa-se o processo mental, em nossa hipótese, em sentido oposto ao mencionado pelo filósofo Marcuse. Este considera a imaginação portadora de "valor próprio e autêntico que corresponde a uma experiência própria — nomeadamente a de superar a antagônica realidade humana". Nós, ao contrário, procuramos harmonizá-la com a realidade para enriquecê-la. Então, não obstante a crítica que se erga contra esse trabalho de domar a fantasia e, apesar de chegar ao contrário do que pretende em sua tese, acontece ao anunciado por Marcuse: "a imaginação visiona a reconciliação do indivíduo com o todo, do desejo com a realização, da felicidade com a razão".

A criatividade supõe metodologia, quando entendida como função conciliadora da fantasia com a realidade. Antes, porém, convém indagar: — Somos capazes de fantasiar? De uma forma ou de outra, sim. Para alguns, antes de qualquer método emerge sua natureza ricamente dotada. E assim, indivíduos superiores constituem em todas as raças as glórias de suas línguas. Como poderíamos imitar, com todo o treinamento, a versatilidade, a precisão, o sentido de oportunidade no emprego das palavras ostentado por Carlos Drummond de Andrade? De seu mundo de luz interior escorrerá o verbo adequado, derramando graça e informação, sentimento de convicção, transe e crítica. Mas mesmo os maiores escritores adotam o método.

Para "domesticar" a fantasia, isto é, colocá-la em trabalho na comunicação organizada, o "método" deverá seguir estas etapas:

a) excitar o mecanismo da imaginação através da associação de imagens;
b) re-criar ambientes jogando com aspectos conotativos e denominativos das palavras, tentando novas combinações;
c) justapor a coisa ou o fato e a fantasia ou a ficção, como ocorre nos meios cineticoaudiovisuais, com as superposições e retrojeções.

A mente do homem se enche de imagens, reminiscências, associações. Inventamos palavras para traduzir esse mundo interior.

A criação exige liberdade e opção. Opção supõe variedade. A esse nível, a comunicação utiliza todos os elementos e a *criatividade surge como o exercício metódico da faculdade criadora.* A criação seria para a comunicação artística o que a criatividade é para a comunicação organizada ou programada.

Se, todavia, quero apenas a louca liberdade da fantasia, direi melhor, no mesmo tom de renúncia de Sancho: "Nasci nu, nu me encontro; não perco nem ganho."

E podemos voltar ao lírico permanente e sem compromisso.

EROS E COMUNICAÇÃO — EXPLOSÃO DA INTIMIDADE

Depois de reproduzir a página de *Lady Chatterley's Lover*, em que D. H. Lawrence descreve, com realismo chocante para a época, a cena de contemplação do "mistério do falo", com Lady Chatterley afagando sensual e deslumbradamente o órgão genital masculino, a "encher, entumescer, levantar"... em "ondulações lentas e suaves", Gay Talese, em *Thy Neighbor's Wife* comenta: "Essas e outras cenas íntimas de *Lady Chatterley's Lover* fizeram com que o livro fosse rotulado de "obsceno" na América durante 30 anos. Mas, em 1959, um juiz federal, influenciado pela nova definição de obscenidade na decisão do caso Roth pelo Supremo Tribunal, em 1957, revogou a proibição contra *Lady Chatterley's Lover* e reconheceu que o autor do livro, D. H. Lawrence, era um gênio."

Toda a obra de Gay Talese, em *A Mulher do Próximo,* na realidade, se desenrola como uma densa reportagem sobre os fatos e atitudes que desvendaram o novo comportamento sexual dos americanos, a partir da década de 50, autêntica revolução moral, que desmontou todas as prevenções quanto a roupas, despiu as mulheres, promoveu abertamente a literatura erótica e, como corolário, a pornográfica. Fundiram-se no processo a comunicação de massa e os hábitos sociais.

A revolução norte-americana estendeu-se ao resto do mundo, exceção apenas daquelas regiões submetidas a períodos de governo ditatorial, durante os quais se instala a censura ou a norma moral imposta pelo Estado censor, impávido e cretino. O único interesse dessa obra minudente e entediante do repórter Talese é o registro, com impressionante liberdade, de fatos atuais, contando intimidades escabrosas do Sr. Hugh Hefner, o descobridor do fantástico mercado do nu frontal e da maravilhosa técnica de sua exploração, hoje muito bem imitada no Brasil, na enxurrada de publicações e filmes, alguns bons, muitos safados.

Nestes últimos anos, o mercado para o sexo, com todo o seu inexaurível *shopping*, expandiu-se, penso eu, até seu limite máximo. Nada exprime tão nitidamente essa explosão do "fazer amor" — ato, aliás, tão natural nos demais animais — do que a indústria da comunicação. E, evidentemente, tal fenômeno não ocorreria se, do outro lado, não se encontrasse, ávido, voraz, o consumidor, o ser humano ansioso de explorar seu corpo, suas reações, de gozar e de descobrir o outro com suas surprêsas e vibrações. Toda essa erupção vem com o grito à liberdade de ser, de viver. Fora as restrições, os bloqueios, a moral clássica. Nada mais às escondidas. Tudo às claras. Todas as experiências passam a ser válidas, importa "assumir". O amor a três, a quatro, em grupo, o do homossexual, a troca dos casais, tudo conta. E se justifica com o argumento da necessidade de libertar o homem de preconceitos, freios, traumas, de "soltar" o indivíduo para o conhecimento de si mesmo.

Para a análise que pretendo, cabe anotar observações pessoais que certamente coincidem com as do leitor. Quando surgiram os primeiros filmes mais ousados sobre aventuras do amor ou sexo, sempre me punha a reparar na constituição das filas junto às bilheterias. E ali registrei o óbvio. Com jovens e pessoas que, sem dúvida, já se conceituavam como livres, alinhavam-se numerosas senhoras de aspecto pudico — às vezes com seus maridos — desses tipos respeitáveis, que ainda cuidavam de não cruzar as pernas diante de um homem, ou não permitiam que se dissesse um palavrão em casa e também disfarçavam o que hoje a gíria chama de "transar" com vários eufemismos, mas lá se encontravam intrépidas, atendendo ao apelo público do amor sem véus, aflitas para se livrarem dos tabus e de todas as falsidades que completam seus manuais de comportamento. Era como se tivessem esperado toda a vida pela oportunidade de responderem ao aceno da natureza mais íntima, sem compromisso interpessoal, dissolvendo a responsabilidade pessoal na atitude grupal, apenas identificadas com a projeção de vida na grande tela do *midium* eletrônico, o cinema, misturadas à emoção, excitada pela luz, pela cor, pelo movimento e pelo som.

A comunicação de massa, tornada mais envolvente pelos recursos eletrônicos, exonera o recipiente dos laços da censura. Eros leva ao ápice a comunicação pelo tato, olfato, gosto, pelo ouvido, pela osmose do suor e do sêmen. Por outro lado, qualquer circuito de comunicação interpessoal, ao se completar, produz sensação de plenitude e conseqüentemente de prazer.

O que distingue este momento do caminhar da sociedade humana não é tão simplesmente a elaboração de veículos de comunicação erótica, mas sua espantosa multiplicação, sua universalização. Tanto a mídia gráfica, quanto — e principalmente — a eletrônica, adquiriram vulto que tornam rizíveis medidas como a proibição para menores de dezoito anos. A moral punitiva, ainda forte em certos círculos, tem que ceder à moral consciente.

É preciso crer na capacidade do homem de auto-regular-se. A pornografia acaba cansando.

"O famoso parágrafo 59 da Crítica", afirma Herbert Marcuse, referindo-se a Kant em *Crítica do Juízo*, "intitula-se "Da Beleza como Símbolo da Moralidade". No sistema de Kant, a moralidade é o reino da liberdade, em que a razão prática se realiza de acordo com leis auto-outorgadas. O belo simboliza esse reino, na medida em que demonstra intuitivamente a realidade da liberdade."

A repressão é antiestética. A natureza, por si, em estado hígido, livre de tendências patológicas, alcança prazer na percepção do belo. Nossa premissa é de que a própria avalancha de comunicação erótica estabelece tal concorrência de uns meios contra outros que sobreviverão apenas aquelas produções portadoras de algum valor estético. Por outro lado, quase sempre a censura acaba promovendo produtos sem valor.

Diante desses meios de expressão coloca-se o sujeito da sociedade — o indivíduo — não somente como espectador e consumidor, mas como pólo de reciprocidade que permite o fluxo do erotismo, criando a retro-alimentação e, como reflexo de sua medida de valores, transformado, em última instância, em tribunal de julgamento, ao aprovar uns e rejeitar outros.

Em outras palavras, o comportamento natural do homem é a própria fonte dessa torrente de comunicação erótica que, passado o exagero, encontra o seu equilíbrio no fato de o ser humano não trazer, embutida em sua natureza, a tendência para a vergonha ou o pudor de seu corpo. Esta atitude lhe foi acrescida pelo sistema de *mores*. Este dado não exclui a perversidade sexual, quer em atos, como os estupros, com toda a sua carga de violência, de que temos notícia pelos registros policiais, quer em expressões de massa, como peças de teatro, filmes, literatura pornográfica.

Não elimina a possibilidade do mal, em contraposição à idéia de bem, mas clareia o entendimento da *natureza* em si, distinguindo esta do procedimento do homem, isto é, da categoria dos *costumes*. Evidencia-se, nos dias de hoje, a antiga duplicidade moral, cheia de fingimento e mentira. Não são as prostitutas que se exibem de diminutas minissaias nas ruas ou ostentam rechonchudas nádegas nas praias, para não mencionar o multipromovido *topless*. São gente de família que já não teme a nudez.

"Sob condições não-repressivas", continua Marcuse (*Eros e Civilização,* pág. 193), "a sexualidade tende a tornar-se Eros — quer dizer, a auto-sublimação em relações duradouras e expansivas (incluindo as relações de trabalho), que servem para intensificar e ampliar a gratificação instintiva. Eros luta por "eternizar-se" numa *ordem* permanente."

Não pretendo angelizar o homem, mas desmitificar o erotismo. Atente-se, aliás, para a atitude dos jovens atuais, de descompromisso e tranqüilidade. Reconheço, em relação à mulher, a marcante função desinibidora e libertadora exercida pela pílula anticoncepcional. Ela, porém, não veio só. Inseriu-se no bojo de um universo de estímulos e chamamentos à vida, fornecido pela comunicação social e logo transferido à comunicação humana. Passou-se a falar corriqueiramente em fazer amor, em tempo e harmonia de orgasmos, a encarar com naturalidade a não-virgindade da moça. Extirpa-se do ato sexual a conotação de pecado, quando não enquadrado em cânones religiosos. O homem recupera um pouco de sua versão paradisíaca. Restaura-se aquele impulso lúdico, definido por Schiller (*Cartas sobre a Educação Estética*), que tem por objetivo a beleza e por finalidade a liberdade.

Ouso, portanto, ver nesse desabrochar da comunicação erótica o abrir-se do caminho para a libertação, embora tenha presente diante de mim a ferocidade declamatória de quantas Ligas existam ou venham a existir pela Decência ou contra a Obscenidade. Não estou a advogar a impunidade para os que promovem a perversão. Declaro, sim, a excelência da desmitificação do sexo. Por que, ainda, tanta curiosidade pelo nu frontal, pelas 101 posições de fazer amor, etc. etc.? Porque resta qualquer coisa de misterioso e fica o sabor da descoberta. Desvende-se a natureza. É o que está acontecendo na simples competição de revelar a sensualidade, a sexualidade, o amor, a vida.

UMA COLOCAÇÃO PRAGMÁTICA: ENFOQUE SISTÊMICO DA COMUNICAÇÃO

Minha formação de humanista, incluindo extensamente a matriz de nosso idioma, o latim, protestaria, se eu não justificasse o emprego, no título deste capítulo, de dois neologismos. Palavras — e esta é a realidade da língua — compõem-se continuamente, adaptando os códigos verbais às pressões sociais e morais e às necessidades contemporâneas da comunicação interpessoal.

Se, todavia, pretendermos destacar uma característica deste nosso momento, certamente sobressai a da velocidade das mudanças, do ritmo mais rápido de criação e de morte de vocábulos, gerando, como conseqüência direta:

a) os fenômenos da proliferação de códigos fechados de áreas profissionais, etárias e microssociais;
b) a redução dos níveis de comunicação entre essas zonas e,
c) finalmente, a dificuldade de expressão, de lamentável notoriedade nos dias atuais.

Vivemos as grandes correntes dos equívocos semânticos em meio à pressionante massa de comunicação programada, imposta, não desejada.

Explico-me, pois. O termo *enfoque*, já admitido no Dicionário Aurélio como brasileirismo, representa contribuição dos economistas para o significado de maior abrangência de "foco", como ponto de convergência. Alargou-se o âmbito do vocábulo, que assim exprime com mais exatidão a ótica de tratamento. Dentro desse conceito deve ser encarada esta exposição.

Não posso, contudo, separar enfoque do outro neologismo — "sistêmico", este não adotado por Aurélio. Sistêmico deriva, aqui, especificamente, da teoria dos sistemas, não se admitindo sua substituição por sistemático, que induziria o interlocutor à acepção corrente de metódico ou ordenado. Reconheço que esta aplicação do termo denuncia a existência dessas linguagens setoriais, já que apenas estamos sublinhando ou enfatizando, ao usar esse adjetivo, com o objetivo de aplicá-lo ao campo da administração, a definição comum da palavra sistema: conjunto de elementos materiais ou ideais, dispostos como um todo, coordenados entre si em funções próprias mas independentes e subordinados a um núcleo gerador.

Sistema, assim o entendo, *é o universo em operação.*

Muito apropriadamente os conceitos fundamentais incorporados à "teoria geral dos sistemas" foram extraídos da biologia, ao se aplicarem aos campos das ciências do comportamento e, particularmente, ao da administração, as observações de Ludwig von Bertalanffly. A palavra sistema cobre um amplo espectro do nosso mundo físico, biológico e social. O universo contém sistemas de galáxias, sistemas geofísicos e sistemas moleculares. Em biologia, fala-se do organismo como sistema de partes mutuantes e dependentes, cada parte compondo-se de muitos subsistemas (*Organização & Administração*, Katz & Rozenweig, pág. 122).

O enfoque sistêmico, ao mesmo tempo em que sustenta a visão global do campo de análise, encara a interação dinâmica de todas as suas partes. Dada a clássica distinção de sistemas fechados e sistemas abertos, considerados entre os primeiros os físicos e matemáticos e entre os segundos os biológicos e sociais, vale acentuar que o enfoque sistêmico da comunicação na administração se encaixa entre os sistemas abertos, em virtude de seu incessante relacionamento e comércio com o meio aberto.

Para melhor entendimento deste conceito, valho-me de algumas expressões de um analista, C. West Churchman, em sua Introdução à *Teoria dos Sistemas*, obra que, na verdade, evolui para uma metodização da dúvida, bem à moda cartesiana, desde o afirmar no Prefácio que "o enfoque sistêmico realmente consiste em um debate contínuo entre várias atitudes do espírito com relação à sociedade", até concluir que "o significado final do enfoque sistêmico consiste na criação de uma teoria do engano e em uma compreensão mais perfeita dos modos pelos quais o ser humano pode enganar-se a respeito de seu mundo e na interação entre esses diferentes pontos de vista" (págs. 12 e 293, *op. cit.*).

Se um pesquisador, apoiado num elenco de cientistas, se permite tal abertura, muito mais à vontade me sinto eu em minhas proposições, fruto de meus próprios estudos e experiências profissionais, para oferecê-las, em total largueza, à consideração de públicos eminentes como o de hoje.

Neste tipo de estudo os cientistas do comportamento, que se fundamentam na observação de reações dos indivíduos em seu ambiente, suas incidências ou repetições, se aproximam da forma de proceder de um biólogo que "observa cuidadosamente o comportamento de formas vivas".

Constitui, portanto, nossa preocupação não nos fundarmos inicialmente em noções *a priori* do que deveria, mas, na medida do possível, do que nos parece ser.

O Sistema da Comunicação Humana

Fiel a tal norma, suponho indispensável, desde logo, identificar os componentes do sistema da comunicação humana, sublinhando que, na teoria aqui elaborada, ele se designará como subsistema no sistema social ou administrativo. Os elementos a seguir enunciados devem ser pensados sempre em processo de interação, desvitalizando-se totalmente quando daí isolados. Importa tê-los presentes no desenvolvimento de todo este capítulo. Os elementos do sistema da comunicação humana são:

1 — Os depósitos ou memórias genéticas, que já foram premiados com as mais exóticas classificações tipológicas, mas que, na realidade, constituem o mais primitivo dos componentes naturais a gerar um indivíduo mais criativo, mais enérgico, mais apático, etc. etc.

2 — As "matrizes" implantadas pelo meio familiar, educação inicial, primeiras pressões sociais, vulgarmente conhecido como "berço" e que inclui em alta escala as primeiras formas de linguagem (língua, gestos).

3 — A contínua estocagem de informações e memórias de reações a estímulos, reflexos, bloqueios — zona do diencéfalo? — trocas endógenas.

4 — Todo o sistema neuroperceptor: mecanismo de captação, seleção, com seus órgãos sensoriais.

5 — O mecanismo da fala: produção de sons, suas combinações e seus valores semiológicos.

6 — A aprendizagem e a formação de códigos (idiomas, artes visuais ou sonoras, linguagens especiais, etc.).

7 — Os atos da comunicação: controle, complementaridade e retroalimentação.

8 — A vida social como troca incessante de mensagens e formação de novos padrões de fala e atitude: pressão exógena.

9 — A língua como organização (modos, regras, *status*).

10 — O processo da comunicação (Emitente-mensagem-canal-interpretação-Receptor) e as interferências, ruídos, distorções.

11 — Finalmente, o papel da fantasia, como elemento potencializador privilégio do ser humano.

O Retorno do Humanismo na Área da Administração

As preocupações de eficiência, elevadas a uma potência matemática com o auxílio de testes físicos e psíquicos, o instrumental de medição de precisão, a presença do infalível computador, montaram, em determinado momento, uma perspectiva de exatidão técnico-econômica, como se fosse possível transformar os atos da administração em simples ou complexos mecanismos de compressão de botões, análises de gráficos e projeções de referências numéricas, etc. "Essa concepção", afirmam Katz & Rozenweig, "própria dos sistemas fechados, mostrou-se adequada ao nível técnico, mas não aos níveis organizacional e institucional. A revolução operada pela escola que pregou as relações humanas na empresa colocou em evidência o subsistema psicossocial, mas não tomou na devida consideração os aspectos técnico, estrutural e ambiental." "A concepção do sistema sócio-técnico aberto dá origem a um papel mais difícil a ser desempenhado pelo administrador. Ele se vê forçado a lidar com *incertezas* e *ambigüidades* e, acima de tudo, a preocupar-se com o ajuste da organização a novos requisitos, sempre em mudança." Esse complexo de variáveis que resultam das surpresas do comportamento humano impõe ao administrador um esforço permanente de adaptação, conscientizado para o fato de que suas tarefas não podem exaurir-se em manuais, por mais minuciosos e pretensiosamente completos que se apresentem, já que "o dirigente moderno" se vê envolto numa rede de relacionamentos dependentes uns dos outros. Esses relacionamentos se consumam através da comunicação humana, que além de ser o canal para essas operações, constitui também o instrumento para aferição de sua qualidade. "Esse sistema, porém, procura um equilíbrio móvel, tendo em vista que os parâmetros do sistema (a divisão do trabalho e os controles) evoluem e sofrem alterações. Dessa forma o administrador procura induzir regularidade em um mundo que nunca lhe permite atingir o ideal. Só podem alcançar êxito os executivos capazes de conviver com a incerteza, com a ambigüidade e com batalhas nunca vencidas, mas apenas bem combatidas", acentua Leonard Sayles, citado por Katz & Rozenweig (*Managerial Behavior*).

Por que considero o tratamento como o focalizo uma conquista da ciência da administração? Porque, como assinalo em meu livro *Comunicação Social e Relações Públicas,* administrar — e aqui mais uma vez me lanço ao plano do conceito — é dirigir ordenadamente os elementos disponíveis (energia, matéria-prima, equipamentos, máquinas, gente) para a melhor realização daqueles fins que levaram a seu agrupamento em um sistema. Dentro desse universo a comunicação representa o vector humanista fundindo-se com o vector fisiomecânico na organização administrativa e perfazendo as seguintes funções específicas:

a) *dinamização* de todo o processo;
b) *integração* operacional e apuro de eficácia;
c) *excitação* da capacidade criativa.

Aplicação da Teoria dos Vectores

Para aplicar essa minha tese em que a comunicação aparece como fenômeno natural e simultaneamente como elenco de métodos e técnicas, proponho uma teoria baseada no conceito de cálculo vectorial [7] que, para melhor entendimento, aqui reproduzo:

> "Conjunto de *n* quantidades que *dependem* de um sistema de coordenadas *n* dimensionadas e que se transformam segundo leis bem determinadas quando se muda o sistema" (Dic. Aurélio).

Desprende-se que estou procedendo dentro da ótica de fusão de ciências do comportamento com ciências matemáticas, [8] admitindo, conseqüentemente, certa mensuração para o comportamento humano.

Formulo, portanto, minha proposta nos seguintes termos:

"A administração parte fundamentalmente e projeta-se, em seguida, de dois vectores:

1 — Vector fisiomecânico, composto de:

a) matérias-primas e energia,
b) instrumentos mecânicos de transformação,
c) instrumentos mecânicos de controle e autocontrole, inclusive memórias;

---

7 Cálculo vectorial é o que trata de quantidades que têm magnitude e direção, a partir de um ponto que pode ser imaterial.

8 Seguindo o mesmo procedimento, poderão aplicar-se a este campo as teorias matemáticas dos conjuntos, das análises combinatórias, das probabilidades e dos números irracionais. Desta forma, transfiro para o campo da comunicação os métodos da teoria matemática da informação.

2 — Vector humano, composto de:

a) energia muscular,
b) energia mental e combinadas,
c) capacidade criativa."

A fim de dirimir a imediata suspeita de existir contradição entre a admissão de incertezas e ambigüidades no processo de relacionamento e a proposta de *quantificação* para comportamento, esclareço que esta se oferecerá sempre como medida de avaliação, tendo presente a possibilidade da "exceção de indivíduo". Neste ponto convém lembrar que, embora sustentemos a singularidade da pessoa, única em si, seu comportamento social é todo condicionado, resultante de padrões adquiridos ou impostos (ver componente 11 do Sistema de Comunicação Humana). A própria pesquisa de opinião pública se baseia, com precisão invejável do ponto de vista matemático, na sujeição do indivíduo médio a tais normas sociais ou programações de respostas, a tal ponto que podemos indicar tendências e julgamentos por simples amostras à base de 1 para 1.000 ou mais indivíduos. Quando incluo no vector humano a capacidade criativa, ofereço a probabilidade da surpresa que nunca deve ser negligenciada e por isso mesmo se insere no contexto do sistema. Ao mesmo tempo, ao considerar o vector humano como integrante do sistema de administração, deixo ver seu instrumento de exploração e animação — a comunicação — como uma atitude de benevolência ou condescendência para com o outro e passo ao enfoque sistêmico, isto é, ao tratamento por metodologia científica. Seja-me permitido sublinhar este dado em face de atitudes, ora líricas, ora alienadas, que encontro com freqüência entre empresários e administradores. Por outro lado, temos que repelir o deslumbramento que transforma a assessoria ou os serviços de comunicação em fornecedores de notinhas para colunas sociais ou escritores de mensagens ungidas de paternalismo. Não esquecerei a experiência que, a esse respeito, tive com um empresário muito bem sucedido financeiramente e muito mal equipado culturalmente, para quem só as colunas sociais interessavam: a comunicação intra-empresa deveria vir de cima para baixo, sem qualquer participação da comunidade trabalhadora, e a comunicação institucional representaria dinheiro jogado fora. Infelizmente, esse exemplo não é incomum.

Cibernética e Enfoque Sistêmico de Comunicação

Quando me refiro à necessidade e eficácia de um comportamento científico em face da comunicação, coloco-me na mesma linha de pensamento de Norbert Wiener, ao sustentar que "a integridade dos canais de comunicação interna é essencial para o bem-estar da sociedade", valendo o princípio tanto para a sociedade em geral como para as microssociedades de produção, distribuição ou prestação de serviços e quaisquer outros fins. "Tal comunicação interna está sujeita, nos tempos atuais", diz o autor de *Cibernética e Sociedade,* "não apenas às ameaças com que se tem defrontado em todos os tempos, mas a certos problemas novos e particularmente graves, peculiares a nossa época. Um deles é a *crescente complexidade e custo da comunicação*" (pág. 129).

Linhas atrás toquei nessa complexidade, tão mais perturbador quão próprio à natureza do homem é o manejo da linguagem. No entanto, se tivermos sempre em mente que a linguagem serve apenas de instrumento para tentar alcançar o objetivo de comunicar, e ao mesmo tempo nos conscientizarmos para as limitações e precariedade de qualquer língua ou linguagem, toda formada de signos ou semas, convencionados para traduzirem nossas visões da realidade e nossas abstrações, já nos convenceremos do emaranhado de mensagens e informações incompletas em que nos debatemos continuamente, inclusive este autor no instante em que se dirige a seu público. Noto que os administradores esperam, com assustadora insistência, que os cientistas ou profissionais de comunicação social operem dentro de uma exata previsão de resultados, como se a própria natureza não admitisse "um elemento de determinismo incompleto, de quase irracionalidade". O enfoque sistêmico consiste em incluir, em paralelismo com a moderna teoria das probabilidades, a existência de um *componente irracional* na conduta e no pensamento humano[9] (*Cibernética e Sociedade,* Norbert Wiener). Permito-me aceitar que tal componente possa manifestar-se positiva ou negativamente, classificando-o de elemento-surpresa. Insisto neste ponto com o intuito de suscitar uma atitude correta em relação à comunicação como subsistema do sistema de administração. Esses desequilíbrios típicos, todavia, serão compensados pelo controle, isto é, pela resposta e pela retroalimentação.

Leis Finais

Como nesta exposição me ocupo tão-somente com a natureza do sistema e não com suas formas de operação, assinalarei algumas leis que a ele presidem:

1 — Conforme explico em meu livro *Comunicação Social e Relações Públicas,* "toda comunicação é informação, mas nem toda informação chega a ser comunicação". Embora obedeçam ao mesmo processo, a comunicação se apresenta como um efeito, quando o receptor estabelece nível comum com o emissor, formando o circuito. "A comunicação humana manifesta e consuma o relacionamento pessoal", num jogo contínuo. Por isso mesmo ela supõe e exige *incessante alimentação,* no momento em que passa a ser programada a serviço da administração privada, pública, de grande ou pequeno âmbito.

2 — Informação é, além disso, segundo a visão da cibernética, o "termo que designa o conteúdo daquilo que permutamos com o mundo exterior, ao ajustar-nos a ele e que faz com que nosso ajustamento seja nele percebido" (*Cibernética e Sociedade,* Norbert Wiener, pág. 17). Como ilação, no enfoque sistêmico, prefiro citar esta outra passagem do

[9] A presença desse componente ganha relevo e se identifica magnificamente no "uso emotivo da linguagem", segundo a distinção proposta por Ogden & Richards, no reputado ensaio *Meaning of Meaning,* opondo-a ao "uso simbólico", transformados os dois por Colin Cherry (*A Comunicação Humana,* pág. 126) em extremos polares de toda a esfera da linguagem.

mesmo autor: "O homem de negócios que se separa a si próprio de seus empregados por meio de um anteparo de amenistas, ou o dirigente de um grande laboratório que atribui a cada subordinado um problema específico e mal lhe concebe o privilégio de pensar por si mesmo, de modo a que possa ir além do seu problema para perceber-lhe a relevância geral, demonstram que a democracia a que prestam suas homenagens não é realmente a ordem em que prefeririam viver" (pág. 52). "Privá-los dessa retroalimentação, isto é, da participação na comunicação, é fazê-los funcionar a meio vapor", é desperdiçar suas potencialidades.

3 — Nenhuma máquina e nenhum animal se aproximam da linguagem humana, carregada de imprecisões, de conotações oriundas de vivências pessoais e denotações provenientes de novos usos. "A língua", escreve o Dr. Lewis Thomas em *Lives of a Cell,* "uma vez que se torna viva, comporta-se como um organismo vivo e dotado de movimento. Partes dela estão em constante mudança por meio de uma atividade incessante." Criam-se, inventam-se novos termos como células de um sistema biológico provido de impulso genético próprio. Mas a palavra "está no âmago de nossa existência social", o que gera no sistema de comunicação a lei de ajuste à língua corrente e, em face da natural ambigüidade, impõe o recurso à explicação, como forma de minimizar a entropia. Esta é uma das funções menos apreciadas pelos administradores e, no entanto, mais necessária ao processo: *explicar.* Reconheço residir nesta questão um dos pontos de estrangulamento do processo de comunicação, por se constituir tarefa penosa o domínio da língua e por se ter restringido esse domínio hoje, em virtude da deficiente formação escolar. Assim, na era dos fantásticos recursos elétricos para comunicação universal, instantânea, de som-e-imagem simultâneos, as limitações vocabulares, os equívocos semânticos levam a este paradoxo: torna-se cada vez mais precária a comunicação interpessoal.

4 — Comunicação sempre implica em controle, por mais que fira nossa sensibilidade a enunciação desse fenômeno identificado pela cibernética. Quando alguém se comunica com outro, está transmitindo uma mensagem que lhe é "originariamente acessível", algo de seu, que procura transmitir e assim exerce um efeito de influir e, ainda que parcialmente, de controlar. E, contrariamente, toda vez que emitimos uma ordem ou comando, fazemo-lo através de uma mensagem no mesmo processo da comunicação. Nesse vaivém desenvolve-se todo o ciclo do relacionamento interno de um sistema de administração. A questão prática, sempre em foco, é que cada indivíduo acolhe a mensagem em seu *universo mental* de valores, de palavras, versões, experiências, resistências, bloqueios e gratificações. O enfoque sistêmico permite aceitar esse fenômeno como parte do processo e pacientemente procura reduzir o grau de incompreensão, realimentando a cadeia da informação e da motivação. O próprio conflito integra o sistema: o que importa é minimizar seus efeitos ou mesmo digeri-lo no processo. A partir dessas leis, iríamos incursionar pelos vastos terrenos da semiologia, da teoria da informação e da linguagem, matéria que escapa aos limites deste capítulo.

O que, particularmente, me interessa cada vez mais é aplicar à comunicação o tratamento programado, não amador, visando a conseguir melhores índices de entendimento e participação no seio das administrações, de modo a instaurar, onde havia o ar pesado da opressão de uma só via, a atmosfera leve e criativa do fecundo intercâmbio. A ciência da comunicação revela a realidade, inclusive o elemento-surpresa da originalidade. O esforço para organizar o subsistema de comunicação em bases científicas atesta, adequadamente, o respeito à condição superior do homem e ao mesmo tempo atinge melhores índices de eficácia administrativa.

PEÇO A PALAVRA

A palavra falada é *mais* que a escrita. Porque é informação (emissão e recepção de mensagem), é comunicação (realimentação e troca de conteúdos), é expressão (tonalidade, som).

A fala consuma o fenômeno humano. Seja no âmbito da eficácia administrativa (teoria dos sistemas aplicada à comunicação), seja no plano social (o discurso político, a fofoca) ou no relacionamento interpessoal, falar é simultaneamente compreender ou fechar-se, conquistar ou afastar, envolver ou agredir, percorrendo todos os momentos desse ciclo de manifestação total da condição de gente. Como afirmei antes, não se exaure o processo, simplesmente porque nenhuma língua consegue fornecer vocabulário completo para exprimir com precisão todas as nossas idéias ou reações. Preferimos, então, a suplência do gesto, a insinuação do período não terminado. "Não podemos, necessariamente, usar toda a nossa experiência mental em palavras (existentes)", afirma Colin Cherry (*A Comunicação Humana,* pág. 131). Muitos pensamentos e experiências são extremamente difíceis de exprimir. Assim, mesmo numa língua se encontram palavras que não têm correspondentes na outra, como é o de nossa "saudade". Como traduzir para outro idioma exatamente esse sentimento tão bem formulado em português?

A fala composta de signos e vocábulos, da variação dos tons, das expressões faciais, dos gestos e do sistema de respostas, revela o indivíduo, quando se entrega ao ato de comunicação e permite-lhe sentir-se diante do outro, como pessoa. A palavra escrita pode revelar meu conhecimento, minha sensibilidade e capacidade de transmitir. Mas só a palavra falada expõe o homem que eu sou ou que você é, quando eu *quero* ou você *quer* ser.

Falo: sou eu.

ESTE LIVRO FOI COMPOSTO E IMPRESSO POR
TAVARES & TRISTÃO — GRÁFICA E EDITORA
DE LIVROS LTDA., À RUA 20 DE ABRIL, 28
SALA 1.108, RIO DE JANEIRO, RJ, PARA **AGIR S.A.**
NO PRIMEIRO TRIMESTRE DE 1983

EXEMPLAR

№ 3324